主编◎徐林

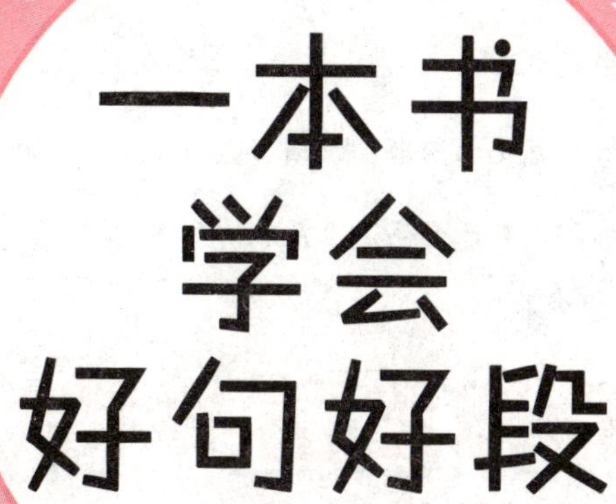

一本书学会好句好段

华语教学出版社

方洲新概念

方洲新概念是教辅类图书知名品牌，始终关注中小学教育教学领域。

- 重点打造中小学作文、阅读及小学英语领域的品牌图书。
- 作文类图书多次押中中高考作文题目。
- 服务过十几届中高考考生。
- 小学英语类图书一直是长销书、畅销书。
- 若干图书品种加印次数已经高达十几次。

方洲新概念图书特色

◆ **“方洲新概念”** 始终贴近教师教学、学生学习，紧紧围绕新课标，非常符合学生学习的习惯和规律。

◆ **“方洲新概念”** 始终坚持高品质、低价位的市场理念，既保证图书的高品质，又尽量减轻学生家长的经济负担。

◆ **“方洲新概念”** 始终坚持社会效益与经济效益相结合的原则，始终把学生需求与学生利益放在首位，始终坚守为学生、为家长、为教师服务的理念。

◆ **“方洲新概念”** 始终坚持与时俱进，不断进步，不断创新，积极打造教辅领域的更多品牌图书。

图书在版编目（CIP）数据

一本书学会好句好段 / 徐林主编. — 北京：华语教学出版社，2019.12

ISBN 978-7-5138-1853-7

Ⅰ. ①一…　Ⅱ. ①徐…　Ⅲ. ①作文课－中小学－教学参考资料　Ⅳ. ① G634.343

中国版本图书馆 CIP 数据核字（2019）第 233175 号

一本书学会好句好段

出 版 人　王君校
主　　编　徐　林
副 主 编　谢鹏敏
责任编辑　刘丽刚
装帧设计　王　栋
排版制作　北京大有艺彩图文设计有限公司
出　　版　华语教学出版社
社　　址　北京西城区百万庄大街 24 号
邮政编码　100037
电　　话　（010）68995871
传　　真　（010）68326333
网　　址　www.sinolingua.com.cn
电子信箱　fxb@sinolingua.com.cn
印　　刷　大厂回族自治县彩虹印刷有限公司
经　　销　全国新华书店
开　　本　32 开（880×1230）
字　　数　179（千）　7 印张
版　　次　2019 年 12 月第 1 版第 1 次印刷
标准书号　ISBN 978-7-5138-1853-7
定　　价　25.00 元

方法篇

写景篇

记事篇

写人篇

状物篇

想象篇

方法篇

一、正确运用词语，打牢语言学习的基础

同学们在平时的学习中，一定要注意积累精彩词语，并学会灵活运用，这是语言学习的基础。在写作文时，如果能够把你积累的好词用在恰当的地方，同时把句子写通顺，你的语言就会很出彩。想一想哪些词语是描写人物时可以用到的，哪些是用来描述事情经过的，哪些是可以用来写景的，哪些是形容小动物的……

1. 恰当地运用形容词，使描写更生动

形容词用来表示事物的形状、性质和状态等。恰当地运用形容词可以使叙述或描写更具体、更形象。例如：大大的苹果、红扑扑的小脸蛋、灿烂的阳光、灵巧的小手、皎洁的月光、五颜六色的气球、宽阔的马路、慈祥的爷爷等等。

例：由于轮船停航了，我们决定从大桥上走过去。到了桥上，我们居高临下，环顾四周，白茫茫一片。江面上，只听见奔腾而过的水声，偶尔有几艘浮萍似的轮船，在大雾里忽隐忽现，不知是在水上漂，还是在空中飞。江岸上，一切景物都是影影绰绰的，往日熟悉的那一栋栋高大的楼房，一座座耸立的工厂，一根根冒烟的烟囱，都被浓雾遮盖了。桥下，近处还依稀看得见马路、车辆、行人、树木。抬头望去，只见蛇山上空的太阳迷迷蒙蒙的，周围好像飘着一团紫色的烟雾，真是“日照香炉生紫烟”啊！

2. 巧用动词，把动作写具体

恰当运用动词可以将动作描写得更具体、更生动，也能够将事物的发展变化准确地表现出来。例如：宣扬、鼓吹、吐出来、扑上去、跳起

来、开展活动、改良品种、促成合作等等。

例：我就跑到五斗橱旁，一个抽屉一个抽屉地翻起来。拉开第三个抽屉时，我发现了一个小纸盒。我好奇地打开一看，哈！这不是爸爸刮胡子用的剃须刀吗？我看这个玩意儿挺好玩，就决心学一回爸爸刮胡子。于是，我拿来一面小镜子，把它端端正正地放在桌子中央，又搬来了一把小椅子，跪坐在上面，照着镜子，右手拿着剃须刀，开始刮起胡子来。我学着爸爸的样子，先在下巴上摸了摸，然后用刀在下巴上轻轻地刮了一下，觉得很痒。奇怪，爸爸刮的时候有“沙沙”的响声，我刮时为什么没有？也许是刮得太轻了吧。我就在下巴上用力刮了一下，“哎哟！真疼，真疼！”我叫了起来。对着镜子一看，呀，出现了几条血口子！

3. 运用拟声词，形象写出声音的特点

模仿自然界声音的词叫作拟声词。运用恰当的拟声词，可以使我们说的话、写的文章更富有形象性和生动性。例如：轰隆隆的雷声、淅淅沥沥的细雨、小鸡叽叽叫、小狗汪汪叫、小羊咩咩叫、小猫喵喵叫等。

例：一道闪电像利剑刺破长空，紧接着，轰隆隆滚过一阵巨雷，暴雨哗啦啦地从天空倾泻下来。又是一阵震耳欲聋的雷声，天空像被爆破了一般，豆大的雨点从高空噼里啪啦地砸下来。

二、写出精彩语句，练好作文基本功

句子是语言运用的基础，要想写好作文，首先就要学会如何把语句写完整写通顺，其次要学会怎样把语句写精彩。

1. 注意词语搭配，把语句写完整写通顺

怎样用一个句子表达一个完整的意思呢？除了要注意词语的搭配外，还要把句子写通顺。例如：提出一个问题，告诉别人一件事，表示请求或者阻止，表达某种情感，等等。

例：最让我流连忘返的是圣淘沙，那里有丰富多彩的游乐活动为喜欢阳光的游客提供了多种海上运动，有脚踏船、水上踏车、划船、冲浪和划香蕉船。在动感电影院中我们尽享欢乐与刺激。走进海底世界，我仿佛进入了五彩缤纷的梦幻世界，在那里有2500多种海洋鱼类，我第一次看到了凶猛的鲨鱼，在神奇的空间里，我觉得自己就像条快乐的鱼儿，自由自在地在深海里游来游去。到了晚上，高科技的音乐喷泉将灯光、激光、色彩和音乐融合起来，恰似一首美妙的芭蕾舞曲。

2. 正确运用成语，使语句表达更精彩

正确运用成语可以使句子的意思表达得言简意赅，还可以增加文章的文化底蕴，使语句变得生动活泼。例如：和风细雨、亡羊补牢、龙飞凤舞、羊肠小道、狗急跳墙、望梅止渴、一日千里、万紫千红、一心一意等等。

例：每到夏天，恼人的蚊子便会在人们身边飞来飞去，到处叮人，特别是晚上，蚊子常常惹得人心烦意乱。喷灭蚊液吧，又有一股难闻的气味，使人们更觉得烦躁。听朋友推荐，我买了盏灭蚊灯。只要把灭蚊灯的插头插上，灯管就立即亮了，雪白的灯光会引来那些无知的蚊子，蚊子一碰到铁丝，“叭”的一声，就粘在铁丝上了，可神奇了！自从我用了灭蚊灯以后，蚊子便消失得无影无踪了。我每天早上起来，都会惊奇地发现灯上粘有许多蚊子，便情不自禁地自言自语道：“活该，可恶的蚊子，谁叫你们到处叮人。”

三、联句成段，作文其实并不难

1. 围绕一个主题，写清楚一段话

练习用一段话表达一个完整的意思，首先要确立一个中心，即通过这段话要表达什么意思；其次根据中心意思展开描述，把你想说的话写出来。例如：描述一个人，要写清楚这个人的外貌特点、说话的神态、走路的特点、性格如何等；讲述一件事情，要具体交代是什么人在什么时间做了什么事情，结果是怎样的；描写一处景物，要写清楚景物有哪些特点；写一件自己喜欢的物品，要把物品的形状、颜色、结构等特征说清楚。

例：我最喜欢的玩具是我的战斗机。它是橘黄色的，有一个尖尖的机头，机头后面是驾驶舱，舱内有一个玩具人偶，我想那个人以后一定是我。它的机翼向后倾斜，上面装着枪，机翼末端还有两枚导弹。横着的尾翼比机翼要小很多，竖着的尾翼与机身垂直。后面是一个喷射器，好像一点火就能飞起来似的。

2. 要注意语句顺序，使段落有条理

在平时讲话的时候如何让别人清楚地理解我们的意思呢？这就需要知道先说什么后说什么，做到条理清楚，次序分明。同样的道理，写作文的时候也要注意语句之间应有先后顺序，而不是将所有的语句简单地罗列在一起。例如，我们讲一件事情要介绍它的起因、经过、结果，这样的叙述就很完整。

例：（先写）那是新学期开学第二天，汪老师宣布要改选中队干部。我听了心里一阵紧张。近几个月来，我的学习成绩直线下降，

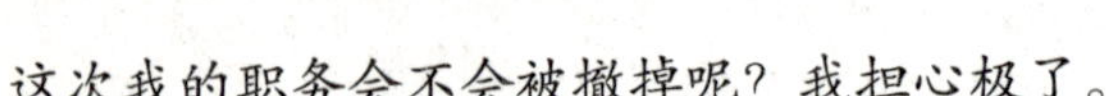
这次我的职务会不会被撤掉呢？我担心极了。

（再写）改选那天，我坐在座位上，手直发抖，心里好像被一块石头压着，喘不过气来。尽管心里闷得发慌，脸上还要装作镇静的样子，心想，只要没人提出换下我就行。突然，一位同学举起了手，说我对自己要求不严格，学习成绩又下降了，应该换别的同学当学习委员。建议同学选出更称职的学习委员。

（最后写）这次落选，虽然让我伤心，却也让我看到了自己的缺点，我一定要迎头赶上，争取下次改选中队干部时，再次当选。

四、写好开头，引起读者阅读兴趣

开头指文章的开始，古人称其为“起笔”。文章的开头就像凤的头。凤头美好招人爱，文头亮丽引人读。文章的开头要简洁，入题要快，语言要有文采，要做到使人一看开头就有想往下读的欲望。否则，即使硬着头皮非读不可，印象也不佳。开头在文章中占据着特殊的位置，它是确定全文中心和思想感情基调的关键所在，因此要写好文章的开头。

常见的开头方法有：开门见山式、巧妙引用式、故设悬念式、渲染气氛式。

1. 开门见山式

“开门见山”是一种比喻的说法，指的是在文章开头直接点明主题的一种开头方式。这样的写法简洁明了地揭示了全文的中心，既能很好地指导后文的写作，也让读者对文章主题了然于胸。

例：在我五彩缤纷的童年里，有着许许多多有趣的、难忘的事。其中，和小刚一起捉蝌蚪的那次经历一直深深地印在我的脑海里，它令我无比的自豪，也带给我无穷的回味。直到今天，我还常常回

想起当时的情景。

2. 巧妙引用式

巧妙引用式，是指通过在文章开头引用一两句与内容密切相关的名人名言、诗句、歌词、成语、谚语、传说等点明中心、引出情节的开头方式。这种开头很能吸引读者的注意，增强文章的气势。但一定要注意引言的准确、恰当，与文章中心、情节无关的引言不要引用。

例："时间就是生命"，这是妈妈最喜爱的一句名言，它像指南针一样引导着妈妈的工作、学习和生活。妈妈也一直用这句话教育我。

3. 故设悬念式

故设悬念式，是指故意留下疑团以激发读者的心理期待的一种开头方式。开头设置悬念，能一下子抓住读者的心，激发人们去思考，从而达到引人入胜的效果。

例：下午的班会上，老师让我们给"谁"提提意见，并且强调这个"谁"可以是任何人，甚至可以是任何事物。大家都在沉思，有的同学还在动笔写着什么。我站起来大声说："我想给书提提意见。"老师和同学们的目光都投向了我，大家很诧异。

4. 渲染气氛式

渲染气氛式，是指文章开头从写景状物入手，通过环境渲染烘托人物、展开故事的开头方式。在文章的开头描写自然环境和社会环境，有利于表现人物性格、安排故事情节、渲染环境气氛。这种开头会让人耳目一新，对烘托文章主题起着意想不到的作用。

例：春姑娘刚来，桃树的花就争先恐后地开放了，一簇挨着一簇，好像在说什么悄悄话。风一吹，这些花来回摆头，散发出一股股浓浓的香味，吸引许多人来这里留影纪念。就在这春意盎然的季节，我们终于迎来了盼望已久的春游。

五、写好结尾，让读者回味无穷

文章的结尾应像老虎的尾巴那样，结实、有力。一个有余韵的结尾会把文章的内涵提升到很高的层次，并给读者以警醒、激励。

常见的结尾方法有：自然式结尾、引用式结尾、点题式结尾、总结式结尾、照应式结尾。

1. 自然式结尾

自然式结尾，指的是写出事情的结果，自然结尾，不再另写总结文章中心的话。这样结尾，自然而利索。作者的写作意图则都蕴含在文中，让读者自己去体会。

例：时间过得真快，不知不觉到了中午。灿烂的阳光照着桃园，照着金灿灿的仙桃，照着我们的脸庞。我们望着这一片片让我们发家致富的“摇钱树”，望着一个个金果子，高兴得又跳又笑又唱。这笑声、歌声回荡在桃园的上空，流进每个人的心窝里。

2. 引用式结尾

根据作文的内容与中心，选择恰当的名言古语或一两句歌词，作为文章的结尾，这种结尾方法叫作“引用式结尾”。用名言警句等结尾，可以表述出含义深刻、耐人寻味的哲理或警策性内容，使之深深地印刻在读者心中，达到“言已尽，意无穷”的效果。

例：这时，我想起了陈毅爷爷的诗：“秋菊能傲霜，风霜重重恶。本性能耐寒，风霜其奈何？”我爱秋菊。它那耐寒的本性，鼓舞着我去战胜重重困难。

3. 点题式结尾

在文章的结尾点明中心思想，起到强调或升华主题的作用，这种结尾方式叫作“点题式结尾”。这样的结尾既揭示了文章的中心，又增强了感染力，文章的结构也会显得很严谨。

例：父亲是一本很厚的书，小时候我就很佩服我的父亲，但不懂得“父亲”的含义；随着岁月的推移和一些事情的发生，我渐渐地了解了我的父亲，他像水一样，是一个遇到障碍则气势更强，遇到挫折则更加坚强的人。

4. 总结式结尾

用简练的语言对全文进行小结归纳，揭示文章中心，这种结尾方式叫作“总结式结尾”。这种结尾能起到画龙点睛的作用，使文章中心明确、深刻、突出，结构严谨。

例：大会终于结束了，我非常高兴。因为我终于管住了我自己，打了一个大胜仗。列宁说要天天磨炼意志。这意志还真不好磨炼。国庆演讲大会，我开了一个好头。以后我还要继续磨炼。

5. 照应式结尾

文章开头讲的内容，在结尾做出相应的交代，这种结尾方式叫作“照应式结尾”。首尾照应，能够有力地突出中心思想。这种结尾使文章结构完整、严谨，上下连贯，逻辑性强，给人以深刻的印象。

例：原来母爱不是那么单调，而是味道丰富的啊！啊，无私而伟大的母爱！（开头：母爱是无私的，是伟大的，并且还是味道丰富的。）

六、巧用语言，增添文章亮点

1. 运用生活化的语言，使语言富有活力

群众语言是丰富多彩的，它有生动、简练、形象的特点。有些歇后语、成语、谚语非常生活化，如“擀面杖吹火——一窍不通”“胡同里赶猪——直来直去”等十分形象。我们只要做有心人，有意识地收集生动活泼的生活化的语言，日积月累，便会聚沙成塔，在写作时，就能得心应手地选用了。

例：说起我妈妈的减肥史，可真是三天三夜也说不完。最开始是用减肥药，可是效果不明显。后来她又改用什么减肥健身器，不过是“三天打鱼，两天晒网”，再加上她的胃口又那么好，一见到好吃的就忍不住狼吞虎咽，结果我想你们都知道了吧！

2. 巧用修辞，使语言生动形象

作文最重要的亮点之一是有优美生动的语言。增强语言表达的一个重要技法是运用修辞。同学们现在需要掌握的修辞手法主要是比喻和拟人。

（1）比喻

比喻其实就是打比方。一般由本体、喻体和喻词组成，通常是用浅显、具体、易懂的事物来代替抽象、难理解的事物。在描写事物时，要从事物特点入手，寻找本体和喻体之间的相似点，这样表达语言会显得生动形象。

例：雪花纷纷扬扬地从天空中飘落下来，落满高山、大地。高山就像新娘一样披上了美丽的白纱，大地铺上了一层厚厚的棉被，

整个世界银装素裹。街上，一群群美丽的大姐姐身穿五颜六色的羽绒服，追逐着，嬉戏着，看起来像一朵朵流动的花，汇成了一条彩色的河流。

（2）拟人

把事物当作人一样来叙述或描写就是拟人。让“物”具有和人一样的思想、言行、神态和感情。让动植物、事物说人的话、做人的动作、具有人的心理状态等等。

例：今天天气晴朗，太阳公公露出了红红的笑脸，春姑娘把自己打扮得花枝招展，悄悄地来到我们中间。她轻柔的手抚摸着我们的脸颊，我们四处寻找着她的足迹。

3. 运用幽默语言，写出童真童趣

幽默的语言引人入胜，能够体现出孩子们的童真童趣。想写出幽默的语言，就要学会灵活运用修辞手法。比如运用夸张写出黑夜的可怕，运用拟人写出小狗的调皮，运用比喻写出搞笑的场景，运用谐音写出不同的意味，等等。想写出幽默的语言，还要学会正话反说，明褒实贬，形成强烈的对比。

例：“红尖嘴，一身毛，背上一条沟，肚里好味道。”你们知道这是什么吗？对了，它就是我们家乡南汇的特产——桃子。

4. 引用名句，使语言富有文学色彩

在作文中使用名人名言和诗词名句，既能展现作者的文化底蕴，又能使文章灵动、有文采。恰当地运用名句可以简洁而有意蕴地表现文章的内容。放在文章开头可以吸引读者的眼球，放到结尾可以起到画龙点睛的作用，达到言有尽而意无穷的表达效果。

例：高尔基曾说：“谁要是不会爱，谁就不能理解生活。”我以前对爱的理解很肤浅，但是，经历了一些事情之后，我对爱的理解

加深了。

包含数字的成语

成语中有一些是包含数字的，数字包括一、二（两）、三、四、五、六、七、八、九、十、百、千、万等。其中有的成语包含一个数字，有的成语包含两个数字。我们可以巧妙地按照数字的顺序来记忆相关的成语。

一字千金　　两全其美　　三顾茅庐　　四通八达
五体投地　　六神无主　　七上八下　　八面玲珑
九牛一毛　　十万火急　　百步穿杨　　千钧一发
万无一失

包含生肖名称的成语

成语中有一些是包含生肖名称的。在中国文化中，十二生肖是用来代表年份的十二种动物，它们由十一种源于自然界的动物即鼠、牛、虎、兔、蛇、马、羊、猴、鸡、狗、猪，以及神话传说中的龙组成，用于纪年。顺序排列为子鼠、丑牛、寅虎、卯兔、辰龙、巳蛇、午马、未羊、申猴、酉鸡、戌狗、亥猪。我们可以先了解一下这些生肖，再联想记忆相关的成语。

鼠目寸光　　牛刀小试　　调虎离山　　守株待兔
画龙点睛　　杯弓蛇影　　马到成功　　顺手牵羊
沐猴而冠　　闻鸡起舞　　狗尾续貂　　猪突豨勇

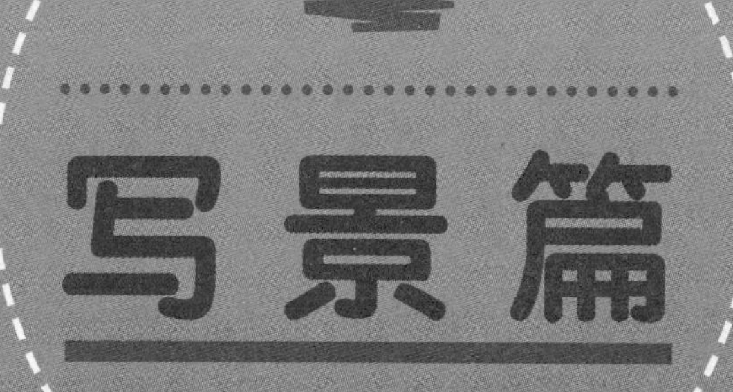

写景篇

名家名段赏析

济南的冬天（节选）

老舍

最妙的是下点小雪呀。看吧，山上的矮松越发的青黑，树尖上顶着一髻儿白花，好像日本看护妇。山尖全白了，给蓝天镶上一道银边。山坡上，有的地方雪厚点，有的地方草色还露着；这样，一道儿白，一道儿暗黄，给山们穿上一件带水纹的花衣；看着看着，这件花衣好像被风儿吹动，叫你希望看见一点更美的山的肌肤。等到快日落的时候，微黄的阳光斜射在山腰上，那点薄雪好像忽然害了羞，微微露出点粉色。就是下小雪吧，济南是受不住大雪的，那些小山太秀气！

作者用饱含温情的笔触，运用比喻、拟人的手法写出了济南小山雪后的秀美风姿。如把山坡上斑驳的色彩，说成是“给山们穿上一件带水纹的花衣”，秀美动人；把夕阳斜照下粉色的薄雪，拟作害羞的少女，宛然在目。

峨眉山下（节选）

郭沫若

水流虽然比起上游来已经从群山之中解放了，但依然相当湍激，因

此颇有放纵不羁之概，河面相当辽阔，每每有大小的洲屿，戴着新生的杂木。春夏虽然青翠，入了冬季便成为疏落的寒林。水色，除夏季洪水期呈现红色之外，是浓厚的天青。远近的滩声不断地唱和着。

赏析

“解放”“放纵不羁”这两个词语形象地写出了河流流出山谷后的情态。

烟影（节选）

郁达夫

一江秋水，依旧是澄蓝彻底。两岸的秋山，依旧在袅娜迎人。苍江几曲，就有几簇苇丛，几弯村落，在那里点缀。你坐在轮船舱里，只须抬一抬头，劈面就有江岸乌桕树的红叶和去天不远的青山向你招呼。

赏析

“江岸乌桕树的红叶和去天不远的青山向你招呼”，作者采用拟人的手法，赋予景物生命，使文章达到了情景交融的境界。

春（节选）

朱自清

“一年之计在于春”，刚起头儿，有的是工夫，有的是希望。

春天像刚落地的娃娃，从头到脚都是新的，他生长着。

春天像小姑娘，花枝招展的，笑着，走着。

春天像健壮的青年，有铁一般的胳膊和腰脚，领着我们上前去。

赏析

作者把春天比作娃娃、小姑娘、青年，形象地写出了春天的美丽和蓬勃生机。

红豆（节选）

宗璞

天气阴沉沉的，雪花成团地飞舞着。本来是荒凉的冬天的世界，铺满了洁白柔软的雪，仿佛显得丰富了，温暖了……这时每株树上都积满了白雪，真是“忽如一夜春风来，千树万树梨花开”了。

赏析

作者通过这段对雪景的描写烘托出主人公再次回到母校时掺杂着喜悦的复杂心情。恰如其分的引用，省却了很多笔墨，精练地描绘出了校园的雪景。

季节时令

一、四季美景

春 天

★ 阳春三月，下过几阵蒙蒙细雨，泥土细润润的，不时散发出阵阵诱人的清香。

★ 三月春风，飘飘荡荡，桃花漫山遍野，红白相映，竞相开放，各种山雀扯着长声叫得分外动听。

★ 温暖的春风吹化了残雪，吹绿了树枝，吹蓝了天空，吹得大地也泛起了绿意。

★ 春天来了，田野里的花都开了。白色的梨花，粉红色的桃花，金黄色的油菜花，都散发出一阵阵浓郁的香味。

精彩好段

【寻找春天】我怀着好奇的心情去找春天。啊，我见到了春天。远处的群山连绵起伏，变得苍绿了。近处山坡上的小草也悄悄地钻出地面，它们嫩生生、绿油油的。肥胖的小叶，像一个个刚刚睡醒的胖娃

娃。这儿一片，那儿一簇，点缀着这陡峭的山坡。山坡上的树木也不声不响地抽出新的枝条，长出了像小草一样的新芽。柳树的枝条向下垂着，就像一条条线挂在树上。那嫩黄色的小叶片，就像系在线上的花瓣。杨树开了花，这些花是一串串的紫红色，身上长满了很软的小毛，像一只只毛毛虫，真有趣！（作者运用拟人手法，形象地描绘出一幅可爱的春景图，也写出了找到春天时的欣喜之情。）

【绿色的春天】每当春天来临之时，山城大街上的刺槐、梧桐争先恐后地吐出绿芽。砖缝里，墙角下，小草们一个个调皮地掀开头上的泥土。你瞧，街道上，姑娘们穿着苹果绿的长衫，像小鸟一样叽叽喳喳追逐嬉笑。大自然中，绿好像和人们早就结下了不解之缘。（景物描写细致。）

夏　天

★六月的中午，骄阳似火，周围的空气热得发烫，仿佛划根火柴就能点着了似的。

★火球一般的太阳炙烤着大地，树木被烤得耷拉着头，狗趴在树荫下吐着红舌头，蝉在树上拼命地嘶叫。

★夏天的天气，真是说变就变，刚才还阳光灿烂呢，可不知是谁惹

怒了天公，突然就乌云密布，下起了大雨。

★ 夏天，草木特别茂盛，冬青树的叶子油亮油亮的，老榆树枝繁叶茂，为人们撑起了一片浓浓的绿荫。

精彩好段

【夏天】一到酷暑，太阳就高悬天空，活像一个大火球，灼热、耀眼，大地上的一切生物都像在蒸笼里，闷热难忍。小河干涸了，树木花草低下了头，小草趴到地上。小狗伸着舌头，喘着气躲在屋檐下。大人们大汗淋漓地摇着扇子，小孩子们光着屁股泡在池塘里。（作者细致地描写了“热”的画面。）

【美丽的夏】夏天，小朋友们最喜欢在海边玩耍。你瞧！沙滩上多热闹，小朋友们有的堆沙子，有的拾贝壳，有的在水里欢乐地游泳，还有的在看风景，组成了一幅优美的图画。（描写动静结合，突出夏天的特征。）

秋　天

精彩好句

★ 秋天，叶子一片片落下，带着一丝丝的遗憾，投向大地母亲的怀

抱。她们跳跃着，旋转着，轻舞飞扬着，翩然落下。

★ 秋风瑟瑟地刮着，伴着心中的一丁点儿惆怅；树叶依旧翩翩起舞，看不出一点儿忧伤。

★ 在秋天，水和天空一样湛蓝，天上微微有些白云，水上微微有些波纹，天水之间，清明、恬静、深邃。

★ 秋天，山草变黄，好像熟透了的麦苗。秋风吹得树叶漫山飞舞。

精彩好段

【秋天的到来】一阵微风吹过，树叶纷纷离开树妈妈的怀抱，犹如一只只美丽的黄蝴蝶在翩翩起舞，把秋天打扮成了金色的世界；秋使水稻、高粱等农作物全都成熟了，给早起的农民伯伯一个大惊喜。这如诗如画的秋天，真令人着迷！

（作者运用拟人和比喻的修辞手法，生动形象地表现了秋天的景色。）

【南国秋味】北方的秋与南方的秋最大的区别在于树木。北方的树木在天气转凉时，叶子立刻就掉得所剩无几；南方却有许多常青树，高傲地挺立在习习秋风之中。放眼望去，树丛中深绿的水杉、松树与火红的枫树、淡黄的银杏在一起，五颜六色，煞是好看，形成了一道独特的风景。（作者运用对比手法，表现北方的秋天和南方的秋天树木不同的地方。）

冬 天

精彩好句

★ 隆冬的太阳也似乎怕起冷来，穿了很厚很厚的衣服，热气就散发不出来了。

★ 寒冬腊月天，冰凌像透亮的水晶小柱子一排排地挂在房檐上。

★ 冷飕飕的风呼呼地刮着。光秃秃的树木像一个个秃顶老头儿，受不住西北风的袭击，在寒风中摇动。

★ 冬天到了，寒流也来了，鹅毛般的大雪漫天飞舞，整个世界穿上了白色的外衣。

★ 冬天，那雪后的太阳显得特别明亮耀眼，那雪后的山野显得格外洁净，真像是一个粉妆玉砌的世界。

精彩好段

【雪】最先带来冬天信息的应该是雪了。你看，它终于来了，步履是那样轻盈、舒缓，悄悄然从遥远的天际飘落。片片光洁如絮的雪花落在光秃秃的树枝上，落在袒露着胸膛的大地上。哦，它是在为大地做厚厚的洁白

的羽绒衣吧！此时，那灰蒙蒙的天空似乎也明朗起来，天地完全融合在一起。啊，好一个银装素裹的世界！（作者运用拟人、比喻的手法描写雪悄悄落下，慢慢地覆盖整个大地的过程。）

【冬天的田野】冬天，大树都是光秃秃的。同学们早上去上学的时候，太阳还没有出来呢——它也怕冷似的不愿起床了。燕子早飞到南方去了，只有难看的乌鸦在哇哇叫。苍翠的松柏披着银霜。田野显得又空又远，只有麦苗伏在雪地里。同学们穿得厚厚的，用围巾把脸裹得严严的，只露着眼睛，呼出的气在睫毛上结了霜。松树上几个松果被风吹得乱摇乱摆。（作者通过描写冬天的各种景物和同学们的穿着，反映出冬天的寒冷。）

二、晨昏午夜

早晨

精彩好句

★ 清晨的阳光柔和地落在身上，路边的迎春花开得正旺，似乎连空气都在微笑着，一切都舒服而惬意。

★ 早晨，天空瓦蓝瓦蓝的，金色的阳光从人行道旁茂密的枝叶间洒落下来，地上晃动着一团团破碎的光点。

★ 黎明像一把利剑，劈开了墨黑的夜幕，迎来了初升的阳光。

★ 清晨，拉开窗帘，推开窗户，一阵清新、幽香的泥土气息扑面而来。

精彩好段

【我的早晨】清晨，我穿好衣服，背上书包，急急忙忙去上学了。一出门，迎面而来的是一阵饱含清晨芳香的微风，吹拂着我的头发、我的衣服，一丝寒意向我袭来。我缩了缩脖子，抬头一看，发现到处都是雾的海洋，所有的景物都变得模模糊糊，好像披上了一层白纱。（作者运用比喻手法，把雾比作海洋，形容看到的景物像披上了白纱，形象生动。）

【夏天的早晨】启明星早已下班了。瓦蓝瓦蓝的天空，就像刚用水洗过的蓝玻璃一样清澈、透明。天空中没有一丝风，也没有一丝云彩。太阳从东方升起，发出夺目的亮光，把大地照得一片金黄。草地上的露珠晶莹剔透，闪着金光。（作者运用比喻和拟人的修辞手法写出了夏天早晨的特点。）

正　午

精彩好句

★ 中午，太阳火辣辣地炙烤着大地，知了在树上争先恐后地叫着“知了，知了……”。

★ 中午，太阳火辣辣的，一丝风也没有，树叶低垂着，蝉儿高叫着，大地好像处在蒸笼里，路上见不到一个行人。

★温暖的阳光透过玻璃窗射入房间，许多纤细的尘埃在光中零乱地飞舞，冬日的午后真静谧得可爱。

★一个夏日的中午，天空晴朗，烈日高挂，连一丝风都没有，大地像被烤焦了似的，热得人喘不过气来。

★中午很热，天上一片云彩也没有，太阳一动不动地高悬在头顶，炙烤着大地，偶尔吹过一阵风，也是炎热而干燥的，让人烦躁。

精彩好段

【正午的太阳】没人敢抬头看太阳在哪里，只觉得到处都闪眼，空中，屋顶上，墙壁上，地上，都白亮亮的，白里透着点红；从上至下整个的像一面极大的火镜，每一条光都像火镜的焦点，晒得东西要发火。（作者老舍运用比喻的修辞手法，把太阳比作火镜，把太阳的光线比作火镜的焦点，写出了正午热的程度。）

黄　昏

精彩好句

★暮色使一切变得模糊，堆满了晚霞的天空也渐渐平淡下来，没了色彩。

★黄昏，一弯新月悄悄升起，在它的周围，还有几颗星星发出微弱的光亮。

★近夜时分，明珠般的星星已镶嵌在蓝蓝的天幕中，一轮圆月泻下

一片清辉，洒向海面，荡起银光点点。

★ 随着夕阳的逐渐西沉，天空的霞光渐渐淡下去了，深红的颜色变成了绯红，绯红又变成浅红，最后慢慢都消失了。

精彩好段

【落日】傍晚，太阳收敛起刺眼的光芒，变成一个金灿灿的光盘。那万里无云的天空，蓝蓝的，像一个明净的天湖。慢慢地，颜色越来越浓，像是湖水在不断加深。远处巍峨的山峦，在夕阳映照下，像涂上了一层金黄色，显得格外瑰丽。过了一会儿，太阳笑红了脸庞，放射出绚烂的光，形成了美丽的晚霞。太阳尽情地展现了自己的笑容后，快活地一跳，消失在西山背后了。（从日落开始到完全日落，从天空蓝蓝的到山涂上了金黄色，再到美丽的晚霞，作者都进行了描写。）

【秋末的黄昏】秋末的黄昏来得总是很快，还没等山野上被日光蒸发的水汽消散，太阳就落到了西山后面。于是，山谷中的风带着浓重的凉意，驱赶着白色的雾气，向山下飘荡，而山峰的阴影，则更快地倒压在村庄上。那阴影越来越浓，渐渐和夜色融为一体，但不久，又被月亮染成了银灰色。（作者连续使用动词，使笔下的景物富有生机。）

夜　晚

精彩好句

★夜色来临了，树木下，草丛里，虫儿们的音乐会开始了，飞舞的萤火虫提着一盏盏小灯笼，在野草中穿梭着。

★大地已经沉睡了，除了微风轻轻地吹着，除了偶尔的一两声狗吠，整条街道是寂静无声的。

★街道像一条平静的河流，蜿蜒在浓密的树影里，只有那些迎风沙沙作响的树叶，似在回忆着白天的热闹和繁忙。

★寒夜的天幕，半个月亮斜挂着，群星闪烁。

精彩好段

【月夜】太阳早已躲起来了，月亮还没有出来。夜色，像块宽大无比的幕布，悄悄地拉开了，罩住了山川、原野。一时远处的群山，近处的房子、树木，都由清晰变得模糊了。高高的天空里，星星一颗一颗地跳了出来，那么多，那么亮，又是那么遥远。大自然为人们描绘的图景是多么美妙啊：月亮躲在淡淡的云层里，宛如含羞的少女把自己的面庞藏在轻纱的后面；群星闪烁，活像是含情脉脉的眼睛注视着大地，大概是仙女们向往着人间美好的生活吧！（作者将景物拟人化，让景物充满生机。）

【令人陶醉的夜晚】这是个美丽的夜晚，花儿在微风的轻拂下，拢起花瓣熟睡了，但却散发着丝丝清香。花丛下的蛐蛐儿们正在开音乐会，歌声此起彼伏，十分动人。啊！我仿佛陶醉在童话世界里。（作者运用拟人的手法，将夜晚的场景描写得生动有趣。）

天文气象

一、日月星辰

太　阳

★ 太阳慢慢地透过云霞，露出了早已涨得通红的脸庞，像一个害羞的小姑娘偷偷地张望着大地。

★ 七月，透蓝的天空，悬着火球似的太阳，云彩好似被太阳烧化了，也消失得无影无踪。

★ 空中没有一片云，没有一丝风，头顶上一轮烈日，所有的树木都没精打采地、懒洋洋地站在那里。

★ 火红的旭日刚刚钻出海平面，给美丽恬静的大海抹上了一层玫瑰色。

精彩好段

【余晖】太阳那温柔的余晖照在水面上，光线一点儿也不刺眼。树呀，草呀，都染上了一层橘红的颜色。它们静静地站在大地上，窃窃私语。桥上行人车辆穿梭，岸上幢幢别墅错落有致，屋檐上、门框上挂满了一个个大小不一的红灯笼，呈现出节日里欢乐祥和的气氛。天上的白云涨红了脸，时而变成一只怒吼的狮子，时而变成一个害羞的姑娘，时而变成一朵美丽的花儿，真是奇形怪状，绚丽多姿。周围的景物沉浸在一个橘红色的世界里。（作者观察细致，详细地描写了日落时周围景物的特点。）

【朝阳】那是什么？在浅红色的霞光中，好像淘气的孩子，从隐蔽处露出橘黄色的绒帽。哦，那是朝阳在云层里渐渐地升高，升高。这时候，太阳的光芒开始射出，周围的云彩透出了一片片枫叶般红火的亮光。（作者运用拟人手法生动地写出了朝阳富有活力的特点。）

月 亮

★月亮斜挂在天空，笑盈盈的；星星挤满了银河，眨巴着眼睛。

★夜晚，满月升起来了，一片宁静随着银雾般的月光洒在大地上。

★月亮是那么明亮，把大地照得一片雪白，树木、房屋、街道都像镀上了一层水银似的。

★银白的月光洒在地上，夜的香气弥漫在空中，织成了一张柔软的网，把所有的景物都罩在里面。

★月亮在白莲花般的云朵里穿行，一会儿把清莹的月光洒在校园里，一会儿又钻入云层，透出朦胧的光。

精彩好段

【迷人的月】月光如水，静静地洒在大地上，给大地披上了银灰色的纱裙。远处的山村好像笼罩着一层薄薄的银纱。一排排苍翠的树木依稀可见。在皎洁柔和的月光下，几只夜游的小鸟轻轻地跳动着，偶尔还发出几声啾啾的鸣叫。月光洒在开满了各式各样花儿的花坛里，给花仙子们罩上了一层神秘的面纱，微风吹来，花儿起舞飞香。花坛的剪影恰似一幅浓墨的图画。啊，这就是那种梦幻般的美吧！（作者语言优美，通过描写大地、山村、树木、花坛等表现月光之美。）

星　星

精彩好句

★那闪闪发光的星星是那么宁静、安详，犹如一只只眼睛，又好像一盏盏明灯。

★极美的星夜，天上没有一朵浮云，深蓝色的天上，缀满了钻石般的繁星。

★几颗大而亮的星星挂在夜空，仿佛是天上的人儿提着灯笼在巡视那浩瀚的太空。

★渐渐地，残星闭上昏昏欲睡的眼睛，在晨空中退隐消失。

★深蓝色的天空那样迷人，空中闪动着一颗颗小星星，它们越来越多，好像在蓝色的地毯上跳舞，又像在眨着眼睛和我说话。

精彩好段

【闪闪的小星星】银闪闪的小星星一颗比一颗明亮，就像一个个小精灵，顽皮地眨着眼，在稚气地注视着人间。它们仿佛在用那明亮的眸子讲述着一个个美丽的童话。它们把光泽洒向大地，也装点了美丽的夜空。（作者运用比喻的手法，把星星比作小精灵，用生动的语言描写星星在闪烁。）

流　星

精彩好句

★一颗流星在夜空中画出一条银亮的线条，就像在探寻着世界最美好的未来。

★流星的美并不像太阳般灿烂、月亮般皎洁，也没有恒星那样永恒的美丽，它的美来自那一瞬间的光华。

★淘气的小流星在蓝幽幽的夜空画出一道金色的弧光，像织女抛出的一道锦线。

★一颗亮晶晶的流星，像河里溅出来的一滴水似的，从银河的当中飞了出来，滑过深蓝色的夜空，悄无声息地向北面坠落下去。

★ 一颗闪亮的流星，短暂地划过夜空，只留下一道转瞬即逝的光亮便消失得无影无踪……

精彩好段

【夜观流星雨】随着时间的流逝，流星一颗接着一颗，仿佛是在相互追逐着，不断地从东南方、西北方出现在繁星笼罩的夜空。每一颗流星都拖着一条长长的尾巴，就像是一条条银链，带着光芒闪耀的宝石划过夜空；又像是一条条银鞭，使劲儿地抽打着寒冷的夜幕，仿佛要把厚厚的夜幕撕开，向人们展示宇宙的奥秘。啊！流星雨，这就是流星雨。许多流星还不时地在空中爆炸，犹如礼花绽放，灿烂辉煌。（作者运用比喻等修辞手法描绘了流星雨划过夜空的画面，生动可感。）

二、风霜雨雪

风

精彩好句

★ 微风拂过阳光照耀的河面，反射出点点金光，像是谁在河中撒下了一把碎金。

★ 秋风，像把锋利的镰刀，从柳树梢上挥过，半绿半黄的树叶唰唰地飘落下来。

★ 秋天的风，有一根神奇的魔法棒。它来到苹果园，把果树上的青苹果变得又红又香又甜。

★ 春风像一个心灵手巧的少女，用她那灵巧的双手染绿了柳枝，染红了桃杏枝头，染黄了簇簇的迎春花。

精彩好段

【春风】春风微微吹拂着，如毛的细雨四处洒落。千万条柳枝伸展着腰肢，张开了它们惺忪的眼。绿的草、绿的叶，皆如赶集似的奔涌而来。那些伶俐可爱的小燕子也纷纷从南方赶回来，为大自然增添了许多生趣。（动词的使用，增添了语言的活力。）

【怒吼的风】冬天，压抑多时的风一下子疯狂起来。它狠狠地刮掉树上残留的叶子，卷起地上的黄土，把它们吹得漫天飞舞。坐在房间里的人们一个劲儿地咒骂着风。于是，风怒吼起来，像狼嚎，像虎啸，像狮吼，简直是垂死的最后一搏。（作者用拟人手法写出了冬风肆虐的场景，令人胆怯。）

霜

精彩好句

★ 常青松柏的叶子上，涂上了一层薄霜，像喷洒了银粉似的耀眼。

★ 霜花以它那千姿百态、神奇异常的独特风姿，给人们留下了难以磨灭的印象。

★ 清晨，我推窗一看，一股寒气迎面扑来，院子里的树木从根到梢，挂上了一层霜，就像开了一片片晶莹淡雅的白梅花似的。

★ 草地上凝着白霜，好像铺着一块无尽的绿白相间的花布。各家的屋顶上也铺上了一层薄薄的霜，像一条白绒毯子罩在上面。

精彩好段

【冬霜美景】看吧，那山上山下，房顶大院，树枝树梢，每一个角落，每一块瓦砾，就连那每一寸枯草上都涂满了厚而蓬松的银霜。它像无边无际的洁白绒毯，顺着山势，沿着平原，绕着河流，抱着树木花草，覆盖着大地上的一切。（作者从大处着眼，描写了降霜后天地之间的美景。）

雨

精彩好句

★ 早晨，在淅淅沥沥的雨声中醒来，开窗，一阵凉爽的风涌进来，夹杂着清凉的雨丝，这是新春的第一场雨。

★ 倾盆大雨下个不停，从房檐上流下来的雨水在街道上汇集成一条条小溪。

★ 毛毛细雨悄无声息地飘落，像是无数蚕娘吐出的银丝，千万条细丝荡漾在空中。

★ 天空下着如酥小雨，那雨珠是那么透亮，照映出一个欣欣向荣的春天。

★粗大的雨点打在对面屋顶的瓦片上，溅起了一片片小水花，像一层薄雾笼罩在屋顶上，随风飘来飘去。

精彩好段

【雷雨】突然，一阵北风起，一片乌云从北部天边急涌过来，还伴着一道道闪电，一阵阵雷声。霎时间，狂风大作，乌云布满了天空，紧接着豆大的雨点从天空中落下来，打得窗户啪啪直响。又是一个霹雳，震耳欲聋。一瞬间雨点连成了线，“哗”的一声，就像塌了天似的，大雨铺天盖地地从天空中倾泻下来。（作者观察细致，通过对雷电交织、狂风大作等景象的描写，成功地刻画了大雨将至时的情景。）

【雷雨】天说变就变，乌云浩浩荡荡地从天边飘来。一道闪电划过，接着震耳欲聋的雷声由远而近。不一会儿，豆大的雨点从天而降。顷刻间，滂沱大雨已覆盖了整个城市。雨越下越大，越来越密，好似断了线的大珍珠，不停地撒向人间。树木更加疯狂地摇摆起来，街上行人顶着狂风，冒着暴雨，艰难地前进着。更疯狂的是雨水，它放弃了原有的目标，改变了原先的轨道，如一条细长的白蛇在我的面前舞动，又好似透明的布上掀起的一道道波痕，此起彼伏，蔚为壮观。（作者通过细致的观察，描写了雷电之后下暴雨的场景。）

雪

精彩好句

★ 一团团、一簇簇的雪飞落下来，仿佛无数扯碎了的棉花球从天空中翻滚而下。

★ 雪，像柳絮一般的雪，像芦花一般的雪，像蒲公英一般的雪，在空中舞，在风中飞。

★ 纷纷扬扬的雪花轻轻地飘，均匀地撒，大地成了一个银装素裹的世界。

★ 沐浴在白色的雪里，雪花慢慢地飘落在我的身上，把我装扮成了一个穿着纯白衣服的小天使。

★ 只见天地之间白茫茫的一片，雪花纷纷扬扬地从天上飘落下来，四周像拉起了白色的帐篷，整个世界粉妆玉砌，宁静而美丽。

精彩好段

【下雪了】嗬，雪下得真大啊！房顶白了，树上白了，地上也白茫茫一片了……江城变成了银装素裹的世界。家家户户的房子都戴上了一顶银帽子，好像一座座晶莹的白雪宫殿。街道两旁的垂柳上裹着毛茸茸、亮晶晶的银条，像盛开的白菊花。地上像铺了厚厚的羊毛毯，踩上去软绵绵的。啊，

小雪花，你把江城打扮得多美呀！你虽然没有牡丹那样婀娜多姿，也没有茉莉那样芳香扑鼻，但是你用晶莹洁白的身体把江城打扮得如此美丽。我爱你！（作者通过对比，表达了对雪的赞美。）

【雪景】雪悄然无声地停了，各种各样的树上都开满了银白的花朵。那落了叶子的树木上，挂着毛茸茸的银条，像白色的珊瑚。冬夏常青的柏树挂满了蓬松松、沉甸甸的雪球，如翡翠雕成的只只棉桃，晶莹发亮。几只麻雀在树枝上叫个不停，它们可能是在赞叹这美丽的雪景吧！（比喻生动形象。）

雷　电

精彩好句

★ 闪电撕破黑沉的天幕，炸雷当头劈下来，仿佛地球爆裂了一样。

★ 枝丫状的闪电断断续续地闪亮着，照出了远处一些海浪般的黑云。

★ 一道耀眼的电光把天空和大地照得透亮，随即雷声轰鸣。接着又一道闪电，眼前宽阔的街道像一条白色的带子展现在我的眼前。

★ 随着一道道闪电，一声声闷雷，天河像决了口一样，泼下了倾盆大雨。

精彩好段

【雷电】闪电像雪白的利剑，挥舞在黑压压的天空，天空撕裂出一朵朵光痕，好似一头巨兽张开血盆大口，正欲吞噬万物。震耳欲聋的霹雷轰响，似一条猛烈抽甩的藤鞭。周边氤氲着蒙蒙的雾，给气氛增添了

一种抑郁感。（作者将闪电比作利剑，形象地写出了闪电迅疾、凌厉的特点。）

冰　雹

精彩好句

★一颗颗黄豆般大小的冰粒陆续地自天空洒落下来，到了地面上打了个滚儿就不见了。

★空中噼噼啪啪地落下一阵冰豆子，砸在地上又纷乱地弹起来。啊，下冰雹了！

★转眼间，树叶纷纷被打落，地上滚满了白色的冰豆，行人被砸得抱头逃跑。

★瓢泼似的雨水中夹带着冰雹，小的像孩子玩的玻璃球，大的如鸡蛋，一棵棵庄稼都被冰雹砸得倒在了地上。

精彩好段

【跳舞的冰雹】今天是星期日，天空阴沉沉的，我准备去上书画课。刚出楼道，就听见噼噼啪啪的响声，定睛一看，原来是一粒粒像珍珠似的东西落在车棚上，蹦来蹦去，像在跳舞，再看看地上到处都是。我惊奇地问妈妈："妈妈，这是什么呀？是不是老天爷打翻了珍珠瓶？"妈妈笑着说："这不是什么珍珠，这是冰雹。""哇！原来是下冰雹了！"（作者运用比喻的手法，把冰雹比作跳舞的珍珠，生动活泼。）

三、云空霞虹

天　空

★ 晴朗的夜晚，调皮的小星星眨着眼睛，天空中还有一丝云在慢慢移动。

★ 天阴的时候，天空的脸多么可怕，怒气冲天，好像要塌下来一般，让人心神不定。

★ 浅蓝色的天幕，像一块洁净的丝绒，镶着黄色的金边。

★ 雨后的天空清朗通透，一碧无际的天幕给人带来了一种爽快的心境。

精彩好段

【辽远的天空】湛蓝的天空有时停留着细碎的云块，像是绣在蓝色围巾上的白玉兰花。有时没有一丝云彩，像广阔安静的大海，让人觉得视野开阔，心旷神怡。（语句优美，比喻形象，给人赏心悦目之感。）

【天空爷爷】大暴雨来到天空爷爷家做客，掀起了一阵阵的狂风。那是天空爷爷在生气吗？那是天空爷爷在落泪吗？不，天空爷爷永远都是快乐的。天空爷爷很喜欢这件灰棉袍，但是人们不喜欢。天空爷爷忍了很久终于忍不住了，趁暴雨叔叔来做客，赶紧拿出来秀一秀。虽然灰色让人感到寂寞，感到孤独，感到凄凉，但深深地吸一口气，那凉爽的感觉又让人心花怒放。所以，灰色的天空还是很让人开心的！（作者

展开浪漫的想象，把天空当作人来写，连乌云布满天空的场景都写得富有情趣。)

云　朵

精彩好句

★ 山峰中间飘浮着各种形状的云朵，像漫无边际的大海中漂着的几点白帆。

★ 天空那么高，那么蓝，一片片薄纱似的白云在浮动，好像留恋着人间美好的秋色，不愿离去。

★ 瓦蓝瓦蓝的天空中，悬着几朵乳白色的云，像风平浪静的大海上的小白帆。

★ 有时，云是一个悠闲自在的女孩；有时，云是一位神奇多变的魔术师，它一会儿变成老虎，一会儿变成狮子……

精彩好段

【云海】在蓝宝石一样的天空中，飘浮着雪一样的云。那些云在天空中无忧无虑地飘着，或浓或淡，还不时地变换形状，好像在向人们显示它的变幻莫测似的。有时，白云像一只小白兔，在向前奔跑，好像有人正在追赶它，不一会儿，便融入云群中了；

有时，像从远处翩翩飞来的一只白蝴蝶，它一点一点地扩大，模糊了，变成了一大片云朵。（采用排比句，富有韵律。）

彩 虹

精彩好句

★ 一道色泽鲜艳的巨大彩虹，出现在雨后的天空中。它五彩缤纷，就像横跨在峰林之上的一座拱桥。

★ 这道彩虹像仙女的彩带，又像迎接仙女的彩桥，仿佛能把人引进神话的世界里。

★ 一道彩虹出现在碧蓝的天空，各种颜色相映生辉，像一座金桥，气势磅礴地横跨天际。

★ 在一阵急骤的大雨之后，与火红的太阳争艳的是色彩绮丽的彩虹，彩虹从山后凌空而起，弯向碧蓝的天空。

精彩好段

【美丽的彩虹】一道虹横跨在整个天空上，似乎是从世界的这一端跨到世界的那一端，吸收了世界上一切的柔和色彩，凝固在高空，令人着迷。（作者运用夸张的语言来描写彩虹，气势宏大。）

【迷人的彩虹】赤、橙、黄、绿、青、蓝、紫，色彩斑斓的彩虹真是美极了！虹的最外层是红颜色的，往里看去，红色逐渐减退，变成橙色了。七种颜色之间衔接得和谐、自然，浓色淡色之间柔和、协调，就像仙女从空中抛下的彩带。（作者观察细致，详细地描写了彩虹的颜色。）

彩霞

精彩好句

★ 多彩的晚霞在奇妙地变换着，颜色越变越深，最后变成浓墨画似的几笔，更显得神奇妩媚。

★ 夕阳染红了西边的天空，一片片晚霞倒映在清澈如镜的小河里，像开了一大朵一大朵的鸡冠花。

★ 霞光的范围慢慢地缩小，颜色也逐渐变浅了，紫红变成了深红，深红变成了粉红，又由粉红变成了淡红，最后终于消失了。

★ 夕阳西下，晚霞映红了半边天，又反射到江中，江水霎时变成了红色，真像一朵朵红莲绽开在江中。美丽极了！

★ 天是一片青色，几片橘红色的朝霞稀稀疏疏地分布在天空中，慢慢地，朝霞的范围扩大了，颜色由橘红变成鲜红。

精彩好段

【彩霞】天边已露出了鱼肚白。渐渐地颜色越来越浓了。由橘黄色变成淡红色，又由淡红色变成粉红色，一会儿红彤彤，一会儿金灿灿，有时是半紫半黄的颜色，还有些说也说不出、见也没见过的色彩，真是五彩缤纷。朝霞的形态也变化无穷，有时像一只展翅欲飞的雄鹰，有时像一条鲜艳的红领巾在飘扬，可不一会儿红领巾就不见了，成了一匹奔腾不息的骏马……真是千姿百态，变化万千。（比喻形象，语言富有美感。）

锦绣河山

一、高山丘陵

高山

精彩好句

★ 背后壁立的山峰，简直高耸到天上去了，从脚到顶，全是苍黑的岩石。

★ 太阳照着白雪皑皑的山峰，发出无数条耀眼夺目的光束，像串串珍珠撒向大地。

★ 它们拔地而起，一座挨着一座，有的高耸入云，有的逶迤伸展，有的像飞腾的龙，有的像俯卧的牛，千姿百态，使人振奋。

★ 苍青色的山，一座叠着一座，像大海的波涛，无穷无尽地延伸到遥远的天尽头，消失在那云雾弥漫的深处。

★ 神女峰微微前躬的身姿，像神女俯视江面，关注着每个航行者的安危。

★ 周围尽是连绵起伏的峰峦，好像一大群牲口，沉浸在黄澄澄的晓雾里。

精彩好段

【山峰的姿态】两岸的山峰变换着各种有趣的姿态，有时像飘逸的仙女，有时像持杖的老翁，有时像献桃的猿猴，有时像脱缰的野马……在这初春早晨的薄霭轻雾中，它们若隐若现，时远时近。（气势宏大的排比。）

【群山】太阳刚刚从东边升起，透过晨曦，我仿佛看到一座接一座的群山像一匹匹披着绿色大衣的骆驼纵队排列，缓缓前进。那一个个山头，像竖起的驼峰，又像骆驼昂起的头。那三座连在一起的被白而浓的雾环绕着的大山，就像动画片里的仙山一样，亦真亦幻。那一条条盘旋而上的小路，犹如白花蛇，正向上蹿呢！（形象的比喻。）

丘　陵

精彩好句

- 溪流对岸，白雪皑皑的高丘低陵，像一幅银灰色调的庄严版画。
- 优美逶迤的丘陵，蜿蜒盘旋，犹如一条正在酣睡的巨龙。
- 影影绰绰的丘陵像一个睡意蒙眬的仙女，披着蝉翼般的薄纱，脉脉含情，凝眸不语。

精彩好段

【我的家乡】江汉平原并不是一望无际的平坦土地，有的地方就像人脸上长青春痘一样，有几个突出的地方，那就是小丘陵。小时候父母到丘陵地里干活会带上我，我可高兴了。小丘陵上有很多好吃的野果子。每当野果子成熟时，我就要父母带我上去摘。我最爱吃野柿子，它美味可口。（作者运用比喻手法生动形象地写出了家乡的丘陵小而少的特点。）

山 谷

精彩好句

★幽静的山谷里，有一条涓涓溪流，溪水像一群欢快的孩子，尽情地奔跑着。

★山谷两旁，峰峦陡立，峥嵘险峻，抬头只见一线弯曲的蓝天，偶尔有几只鹰掠过，看上去小得跟蜻蜓似的。

★山谷里的树多得像一片绿色的海洋。大树的叶子又绿又密，像撑开的一把把大大的绿伞。

★山谷中，山峰挺峻，深壑幽秀，苍松林立，清泉流响，白云纵飞，怪石嶙峋，好似一幅立体山水画。

精彩好段

【山谷黎明】深蓝色的天空笼罩着大地。伴随着一声嘹亮的鸡啼，一段长长的金黄、赤红的光带划破了天际，紧接着，缤纷的霞光带给山谷最初的色彩，把黑夜中树的长影变成了绿色的帐篷，把暗蓝色的河流变成了透明晶亮的锦绸……（作者运用优美的语言，写出旭日将升时山谷中色彩、景致的变幻。）

【山谷的美】在自然景致之中，我最喜欢的是山谷。它美在两山之间的低凹处，如同桥，连接着两侧的峰峦。它还美在狭窄，在适当的距离中让人感到凄迷。因为相距太远不成山谷，太近又没了诱人的情趣。它更美在溪流。没有溪流也不是山谷，只是狭道，缺乏诗意。溪流源自两座山峰的某处，然后融合，相互渗透，有着难以言说的和谐与深厚。（作者以独特的视角，着重描写了山谷的谷道、溪流造就的地形之美。）

山　路

精彩好句

★ 小路依着山谷，穿过松树林，盘旋曲折，像一条浅色的带子，缠绕着翡翠般的山峦。

★ 山路窄得像一根羊肠，盘盘曲曲，铺满了落叶，而且时不时遇到漫流的山泉，湿漉漉的，脚底下直打滑。

★ 无数条纵横交错的小径，在山林间、在峡谷中、在大川里时隐时现。

★ 只有盘山道随着山势，迂回曲折，远远望去，好像一条有生命的巨蟒。

精彩好段

【蜿蜒的山路】山路蜿蜒，两边的青草、野花、树木，高高低低，错落有致。那青葱的草儿，或齐膝，或只跟脚面一样高。草丛里，有蛐蛐儿的奏乐，它们变换着节奏，时而长时而短。树上的蝉儿也不甘寂寞，嘹亮的蝉鸣破空而来，似乎想与蛐蛐儿一争高低。（作者描绘了蜿蜒的山路两旁虫鸣花香的风景。）

二、原野沙漠

高　原

精彩好句

★ 高原的气候真叫人无从捉摸，忽而喜，忽而怒，忽而风满天，忽而平静得纹丝不动。

★ 当汽车在望不到边际的高原上奔驰时，扑入你视野的，是一条黄绿错综的大毡子。

★ 西北高原上，九月的夜空，寒星点点，祁连山连绵不绝的峰峦的浓影，清晰地映在蓝灰色的天幕上。

★ 瞧，薄霞流云，高原坠英，苍山云海此刻变幻莫测，天地间正演

绎着一幕壮美的图画。

★ 高原上的夏天，平坦的草地犹如一席辽阔无边、五彩缤纷的大地毯，那些比城市公园里的花儿鲜艳百倍的鲜花，惹得人心花怒放。

精彩好段

【高原风光】高原的山，峥嵘无比。它像脾气暴躁的困兽，纵联横贯，自成王国，裸身露骨，张嘴喷沫。那排阵的长云，仿若从它口中吐出来的活物，凶煞煞扑眼而来，恶狠狠扬长而去。偶一抬头，愕然一惊，它好像要吃掉你一般，耸耸然，跃跃欲试。（作者赋予山以生命，写出高原山的特点。）

平　原

精彩好句

★ 一片连绵不断的平原在天空下伸展，没有山丘，像风平浪静的日子里的海一样平静。

★ 西斜的软绵绵的太阳，微笑着拥着大地万物，一派恬静的景象。江苏中部的平原上，早春的色彩笑逐颜开，美得妙得直让人感叹。

★ 静静的小河弯弯地蔓延在田间，偶尔会有垂钓的人点缀在岸边，让人看得好眼馋。

★ 一片辽阔的大平原无边无际，微风挟着泥土散发的芳香，把一大片一大片的庄稼吹得犹如涟漪荡漾。

★ 平原上，咧着嘴的玉米，猫着腰的稻谷，蓬着发的棉花，红着脸的高粱都在飒飒的秋风中摇摆欢舞，像出席婚礼的宾客一样，喜洋洋的。

精彩好段

【我的家乡】我的家乡平度位于华北平原，地势低平，没有山，全是平野，美丽极了。小时候我常常和姥爷去田里玩。当我第一次向田野望去时，小小的我就被这种美震惊了。远远望去，是一片绿色的海洋，一望无际。田野中有一条小河缓缓流过，你可以清晰地看见河水被平野里的绿草映得绿莹莹的。这儿虽没有巍峨的群山，但也会令人感觉气势磅礴。（作者以饱含深情的笔墨，写出了自己家乡山美水美的平原风光。）

草　原

精彩好句

★ 秋天，草原就像一望无际的翠绿色的彩缎，草地上的羊群像是撒在彩缎上的珍珠，在草原上滚动。

★ 草地上泛起了星星点点的绿，一棵棵小草从坚硬的泥土中探出头来，好奇地望着周围的一切。

★ 夜幕笼罩着草原，一轮圆月从鱼鳞般的云隙中闪出来，草原上弥

漫起朦胧的月光，像是升腾起来的一片淡淡的银雾。

★ 秋风，掠过这荒凉而辽阔的大草原，把那又高又密的野草吹得像大海波涛似的翻滚起伏，发出一阵“哗哗”的涛声。

★ 草地上长着一簇簇蒲公英，伞形的小白花球随风散落。

精彩好段

【草原的天空】天是纯净的蓝，没有任何杂质。从天际的浅蓝延伸到头顶上方的宝石般浓郁的深蓝，都是那么迷人。苍穹之下，便会感觉到人的渺小，那样微不足道。天地间仿佛只余这辽阔的草原，连人也渐渐融入其中了。（作者借助细腻的语言，描写了草原天空的广阔辽远，以及人的渺小。）

沙 漠

精彩好句

★ 无边无际的沙漠像黄色的大海，太阳照在上面，闪耀着万点光亮。

★ 中午，火球似的太阳烤着大地，把沙子晒得滚烫滚烫的。到了晚上，可怕的暴风刮了起来，暴风卷着沙粒，漫天飞扬。

★ 一个个沙浪向前涌动着，像一只无形的巨手，将沙漠揭去了一层，又一层。

★ 沙漠上狂风袭来，沙粒飞扬，天昏地暗，这就是沙的世界，让人简直无立足之地。

精彩好段

【沙漠奇观】这广袤的沙漠之中竟然藏着一块巨大的绿洲，周围散落着七个大大小小的湖泊，形成了罕见的美丽又奇异的景观：以一条路为界，一边是连绵不绝、一望无际的茫茫沙漠，寸草不生，令人绝望；一边却是水波荡漾，草木葱茏，一片生机盎然的景象。截然不同的自然景观在这里完美融合，交相辉映，真叫人叹为观止啊！（作者运用对比手法，写出一路之隔却截然不同的沙漠奇观。）

戈　壁

精彩好句

★ 在火辣辣的太阳底下，戈壁滩犹如在炉上烤着，灼人的热浪席卷着每一寸土地，使人喘不过气来。

★ 戈壁滩的降水量远小于蒸发量，水分奇缺，地表和空气都十分干燥，植被稀疏，只有少数品种的植物能在此顽强地繁殖、生长。

★ 视线前方，深蓝色的水平面出现了，好似湖泊就在不远处，这就是戈壁滩晴天常见的海市蜃楼幻景。

★ 苍茫的戈壁滩是那样寂静，似乎只有热空气在轰轰作响。

精彩好段

【戈壁上的草木】这里的树和野草一个个都是骨感的身材，粗糙的皮肤。由于风沙的摧残，它们不像内地植物那样亭亭玉立，它们没有姿色同红梅争艳，没有条件与松柏竞绿，而是一个个迎着风的方向，身体呈倾斜状，艰难而又顽强地挺立在戈壁滩上。（作者运用对比手法，通过与内地植物的对比，反衬戈壁上草木生存的艰难。）

三、江河湖海

江

精彩好句

★ 漓江的水真是名不虚传，清澈得像透明的水晶，一眼即可看到水中鱼儿游动的身影。

★ 江面上白帆点点，水波荡漾，残阳的余晖给水面抹上了一道金光。

★ 滚滚奔腾的江水，像千万匹脱缰的野马，嘶叫着向前狂奔。

★ 那碧绿莹莹的江水，在阳光下闪耀着点点银光，折射过来的银线，一闪一闪的，煞是好看。

★ 清澈见底的江水，真如一面平镜，江中倒映着青山、绿柳、红花，多像一张鲜艳的彩照呀！

精彩好段

【漓江的水】漓江的水真多呀，满满地填充着河床，天上还不时有小雨点跳入水中；漓江的水好清呀，虽然没有太阳光的直接照射，也可以看清河底的小卵石，水中还不时地有几尾调皮的小鱼游来窜去；漓江的水好静呀，静得仿佛能听见她在你耳边低语，偶尔微风吹过，清脆的水声就像一个小姑娘在轻歌；漓江的水好柔呀，柔得使人忍不住要去抚摸，却又不忍碰皱她。微风掠起的波浪，好像亭亭的舞女拖着的裙摆，是那样软，那样美。（作者运用优美的语言，写出漓江水多、清、静、柔的特点。）

河

精彩好句

★河中的冰块像刀刃一般锋利，像野兽的牙齿一样狰狞，闪着蓝幽幽的寒光。

★河岸上是重重叠叠的碧蓝的山峦，山顶上罩着万年积雪，白色的雾气好像波纹似的，在山峦间荡漾。

★东方刚露出第一抹红霞的时候，小河像一位亭亭玉立的姑娘，对着镜子整理晨妆，面颊上飞出几片羞答答的红晕。

★ 温暖的春天，万物复苏，运河水像刚刚苏醒的小姑娘，浑身充满了活力，唱着新歌，向前奔去。

精彩好段

【家乡的小河】春天，小河在昆虫低吟的叫声中缓缓苏醒，河岸边绿毯似的草丛中点缀着各色的野花，白的像雪，粉的若霞，红的似火。几棵爱美的小柳树轻轻弯着腰，对着清凌凌的河水梳妆打扮。明镜似的水面，倒映着蓝天、白云、树木、房屋，宛如一幅美丽的画卷。（作者运用比喻手法，形象地描绘出小河周围优美的环境。）

湖

精彩好句

★ 湖面蒙上了一层薄薄的雾，其美丽的身影并不那么真切，一切如同一个美丽的幻境。

★ 湖面平静得像一面明镜，阳光一照，跳动起无数耀眼的光斑。

★ 湖水蓝蓝的，真像一颗蓝宝石镶嵌在大地之上。

★ 阳光照在波纹细碎的湖面上，像给水面铺上了一层闪闪发光的碎银，又像被揉皱了的绿缎。

精彩好段

【恬静的湖】映入我眼帘的是无边无际、清澈见底的湖水。湖水是那么宁静，她悄悄地、慢慢地从我身边走过，可我却没有感觉到她在流动；湖水是那么绿，从山上眺望，就像是一块无瑕的翡翠；湖水是那么清，清得能望见湖底的石头。我坐在船上，划动船桨，只能听见船桨划过湖面的哗哗声。（作者用优美的语言描绘了一个安静、清澈的湖。）

海

精彩好句

★那碧绿的海面，像丝绸一样柔软，微荡着涟漪，美丽极了。

★每天太阳出来时大海还懒洋洋地睡着，醒来以后高兴时就“哗”的一下涌上岸边，不高兴时就卷起几丈高的浪花……

★那大海的涛声像一支雄壮有力的交响乐，每一朵飞溅的浪花，是一个个跳跃的音符；一阵阵涛声，汇成了一曲曲乐章。

精彩好段

【大海】远望大海，蓝蓝的，仿佛一块蓝宝石，无边无际。近处看大海，却不是刚才那种深蓝色，而是一种灰褐色中夹着一点儿白色。大

海卷起的浪花，又是雪白雪白的。大海真是变幻莫测，一会儿是蓝色，一会儿是灰白色，一会儿又变成了白色……（作者观察细致，通过颜色的变化写出大海变幻莫测的特点。）

四、溪泉瀑池

小　溪

★溪水晶莹透亮，太阳照在水面上，一闪一闪的，像是一条银光闪烁的绸带，给小山村镶上了一道美丽的花边。

★小溪如一曲悦耳动听的歌，一直流向大海。

★溪水优哉游哉地流着，叮咚作响，弹唱着欢畅的乐曲。

★小溪在乱石中蹦蹦跳跳，翻出洁白的水花，弹出动人的曲调。

精彩好段

【金鞭溪】金鞭溪远远地从山林中奔来，若隐若现，若有若无：时而直脱脱地驰骋，汩汩潺潺；时而贴着崖壁静静地淌，羞羞涩涩；时而冲出一个漩涡，飞转几圈，然后向前伸出，显得那么大方、舒展。（作者语言优美，写出了金鞭溪或奔腾或宁静或优雅的神态。）

泉 水

精彩好句

★从两山间流出一汪清泉，清澈的泉水弯弯曲曲，宛如一条白蛇在苍山翠柏间流过。

★泉水清澈见底，泉底是五彩斑斓的鹅卵石，银色的水泡似一串串珍珠抛出水面，泛起微微的涟漪。

★泉水叮咚有声，在夕阳的映射下，闪着碎银似的光波。

★山中道道清泉，似条条琴弦，弹拨着优雅轻快的乐曲，在山下汇成欢快的交响乐，向前奔流。

★那泉水真清啊！就像一块透明的玻璃，一眼就可以望到水底的沙石。

精彩好段

【家乡的泉水】家乡的泉水，山是你绿的衬托，远望似一条流动的光带，仿佛少女脖颈上飘动的白纱，环绕在草木之间；你是大地的灵魂，山的血液，你和春天一起来临，弯弯曲曲绕过山石，穿过树林，欢笑着，跳跃着，溅起颗颗珍珠，洒落在山林的每个缝隙和角落。这时山是静的，树是静的，只有你轻盈的歌声让这一切动了起来，到处充满生机。（作者用饱含深情的语句，运用比喻、拟人等手法，赞美了家乡的美景。）

瀑 布

精彩好句

★ 飞瀑撞击岸石激起千万朵水花，在阳光下幻化为五彩缤纷的水珠。

★ 在数里之外，就能听到“轰轰隆隆”的声响，似千军呐喊，似万马奔腾。远眺瀑布如白练倒挂，悬空坠落。

★ 从飞瀑中喷溅出来的小水珠细如烟尘，弥漫于空气之中，成了蒙蒙水雾，给山涧林木披上了一层薄薄的轻纱。

★ 瀑布从上面冲下，仿佛已被扯成几绺，不再是一块整齐而平滑的布。

★ 一道水帘，酷似一幅巨大的白布，从峭壁上越过树梢，直泻山下。

精彩好段

【仙女瀑布】与狂野的象鼻瀑布相比，仙女瀑布就显得温顺多了。传说这里是仙女洗澡的地方，别有一番景致。人站在仙女瀑布前，能感受到空谷回音、天籁入耳的奇妙。向上望去，一道瀑布从云天而降，飘飘洒洒，恍如天女散花，赐福人间。最奇妙的是，瀑布流下时有一种音乐的韵律，恍若天女踩着灵动的节拍，跳着青春舞曲。（作者运用比喻手法展现了仙女瀑布优美的景致。）

池　塘

★ 池塘边柳丝摇曳，婀娜多姿，活像少女披着长发，对着明镜含笑腼腆地梳妆打扮。

★ 池塘里铺满了碧绿的荷叶，又圆又大，像一柄柄大伞，在河塘里静静地撑着。

★ 每逢池内荷花开放时，红花映目，绿叶撑伞。在烟雾迷漫之中，满池黑红两色的鱼儿喁喁水面，有如泼墨团团、娇红片片。

★ 水面平静的时候，小池塘就像一面宝镜，映出蓝天白云的秀姿；微风吹来，水面泛起层层涟漪，像是鱼神娘娘在抖动她的锦衣。

精彩好段

【池塘春色】春姑娘迈着轻盈的脚步来了，燕子把这个消息告诉了池塘。池塘听到后兴奋极了，因为它喜欢春天的绿色，更喜欢春天的温暖。清晨，太阳公公将金色的光芒洒在池塘上，池塘里的冰渐渐消融了，水变成浅浅的蓝绿色。没有风的时候，水面犹如一块晶莹剔透的蓝宝石，隐隐约约映出池塘边刚长出嫩芽的垂柳和不远处的亭台楼阁，那景色真是美不胜收！（作者运用拟人手法，展现了池塘的美丽春景，表达了自己喜悦的心情。）

城乡风景

一、城市风景

城市建筑

精彩好句

★ 这座楼高得惊人，有一百一十多米，拔地而起，像一个高大无比的巨人挺立在市中心。

★ 亚运村里高楼林立，那乳白色的楼身，整齐明亮的钢窗，在蓝天白云的映衬下，显得分外迷人。

★ 小城的灯像远飞的萤火虫，忽闪忽闪地，越来越昏暗，整个城市像笼罩在梦幻中。

★ 只见这座雄伟的城楼背靠着连绵不断的苍山，面对着波涛汹涌的碧海，万里长城仿佛是它的两只臂膀，护卫着身后的万里江山。

精彩好段

【体育馆】体育馆建造在群众路旁，是一座长八角形的建筑物，占地面积八千平方米，建筑面积一万多平方米。建筑外表美观大方，墙壁下半部分用乳白色的瓷砖砌成，上半部分完全由玻璃板拼成，屋顶采用

先进的薄壳结构，屋架是由无数根大大小小的钢管和钢球焊接而成的，安装时采用的是具有国际水平的整体吊装法。（作者采用由整体到部分的写作手法，向我们介绍了体育馆的外观。）

公园风貌

精彩好句

★ 站在风楼的最高处，往下一望，树林就像一把大伞，遮住园内的一切。那淘气的风娃娃偶尔也到风楼歇息，让我们感到清凉。

★ 公园虽不大，但景色别致，幽雅清静，是一个游玩和休息的好地方。

★ 广场中点缀着十六个小花坛，花坛里面种满了各种鲜花，五颜六色，一朵朵花儿在阳光的照耀下好似一个个亭亭玉立的小姑娘。

★ 走在公园的小道上，踩着松软的树叶，脚下发出“吱吱”的响声，就像一首优美的歌曲，真是惬意极了。

精彩好段

【五亭桥】五亭桥是由五个亭子组成的。五亭相连，大亭端坐中央，四周的小亭对称地围绕着它。五亭桥下有十五个圆洞，圆洞相通，游船来往自如。中秋佳节，十五个圆洞的水中映着十五轮像玉盘似的月亮。远看，五亭桥像一座玲珑的水上宫殿；近看，五亭桥像是碧湖之上开了一朵巨大的莲花。（作者详细介绍了五亭桥的风貌，令人如临其境。）

道路交通

精彩好句

★ 大街两旁是整齐的行道树，阶梯状的花圃，让人赏心悦目。

★ 一座座立交桥宽阔平坦，四通八达。宽阔的马路在雨水的冲刷下十分干净，川流不息的车辆欢快地在上面奔驰。

★ 入夜，街道上灯火通明，来往的汽车如织如梭。

★ 每条大街小巷都有那么多五颜六色的身影在蠕动，像河水一样流淌，前不见头，后不见尾。

精彩好段

【朴素的小巷】我家门前有一条窄长的巷子，因为人们要进进出出，参天大树不好种植，于是，人们沿着墙根，放些泥土，做成了一些简易的花台。在不到一尺宽的条形花台里，种着许多植物，远远望去，真像个小植物园。（作者通过描写小巷里的花台，展现了人们的聪明与勤劳。）

商场店铺

精彩好句

★ 春节将近，街上开始热闹起来，商店门口也挂起了串串红灯笼。

★ 五彩缤纷的服装货摊，各式各样传统风味的小吃货摊，在甬道的一侧由东向西排成了长龙阵，来往的顾客摩肩接踵，川流不息。

★ 街道两旁商店林立，那一个个精心布置的橱窗就像一幅幅美丽的画，展现在人们的面前。

★ 市场上真是人山人海，热闹非凡，各种农产品琳琅满目，人们的叫卖声、讨价还价声、谈笑声，汇成了一首欢快的集市交响曲。

精彩好段

【新华书店】新华书店科技类图书书架前，簇拥着无数的人，他们张着嘴，眼睛瞪得大大的，在书架上搜寻着称心的书籍。各种各样的手，伸向书，捧起书……（作者通过神态描写，写出了书店里人们对科技类图书的渴求。）

二、乡村风光

田　野

★ 我到西瓜地里一看，啊！那么多的西瓜！只见一个个篮球似的西瓜把瓜藤都遮住了。

★ 风中洋溢着迷人的芳香，这是田野的味道。

★ 我在田野漫步，远处绿油油的，近处黄澄澄的，几块褐色的荒土点缀其中。

★ 走近一看，原来是一簇簇盛开的芭蕉花。芭蕉花又大又红，随着秋风不停地摆动，就像是一团团燃烧的火焰。

★ 层层梯田上，麦苗翠绿茁壮，像给梯田裹上了一匹匹鲜绿的绒毯。

精彩好段

【田地】微风送来一阵阵稻谷的清香，一块块稻田被风掀起了层层金浪，那沉甸甸的稻谷，像是害羞的姑娘低头默想。田野上，勤劳的农民头戴斗笠，有的弯腰挥镰割稻，有的来来往往运送着稻谷。拖拉机在收获过的土地上来回不停地开动着，身后翻起了层层泥浪。（人物、景物交织，场面生动）

村　庄

精彩好句

★ 站在村庄的尽头，远远望去就能看到一幅富有生机又美丽的画，在那里，有竹林，有草地，有怪石，有小河，当然也少不了美丽的花儿。

★ 太阳西坠，天边燃起了玫瑰红的晚霞，在一望无垠的绿野衬托下，乡村的泥土气息更加浓郁。

★ 山村的早晨，一缕缕淡淡的晨雾像绸带飘在湛蓝的天空，绸带的两头分别系着远处的大山和近处的帐篷。

精彩好段

【田园风光】遥望四周，乡村四面环山，一出家门就能见到美丽的风光：碧绿的山，色彩鲜艳的野花，把这世界点缀得更加绚丽无比；山涧的溪水清清的，凉凉的，要是用它洗一下脸，瞬间让你感到心旷神怡；最美的是那金黄的农田了，远远望去，它就像一片闪闪发光的大海，在微风下荡漾着金黄的波浪，不仅美丽，还饱含着劳动人民的辛勤汗水。（作者通过对山、野花、溪水、农田等典型景物的描写，勾画出一幅优美的田园风光图。）

集 市

精彩好句

★农贸市场真是热闹极了，叫卖声、讨价声、嬉笑声，融成一首美妙的乐曲。

★集市十分热闹，路两旁有各种货摊，商店门前熙熙攘攘。农民们带着笑脸走进去，又大包小包地走出来。

★集市上货多人也多，熙熙攘攘，摩肩接踵，每个摊子前都有人围着，指指点点，挑挑拣拣，讨价还价……好一个热闹的集市。

精彩好段

【夜市】热闹的夜市上，要数小吃最为兴旺。沿着笔直的街道，路

边有一家接一家的小吃，品种繁多，应有尽有。老板笑脸相迎，殷勤周到，顾客来来往往，喜笑颜开。在众多的小吃中，风味独特的麻辣烫和口味鲜美的拉面最受人们青睐。（作者采用环境描写与人物神态描写相结合的手法，展现了当地夜市的热闹与繁华。）

三、校园风光

教　室

精彩好句

★ 走进教学大楼，一眼可见那四米见方的小天庭里，种着几丛竹子，一阵微风吹来，竹叶哗哗作响，好像在为我们歌唱。

★ 一进门，你就会发现这个大约四十平方米的教室被布置得井井有条，前后两块黑板映衬得墙壁如雪一样白。

★ 教室的前面是一个棕色的讲台，上面放着四盒粉笔、两个黑板擦，还有老师上课用的教材。

★ 我们的教室坐落在学校东北角一栋四层楼的最高层，它是一间东西向的大教室。

精彩好段

【整洁的教室】我环视宽敞的教室，只见柔和的阳光透过南面几扇大玻璃窗，照在苹果绿的窗台上，照在雪白的墙壁和天花板上，让教室显得格外明亮。天花板下悬挂着六盏雪白的日光灯，讲台后的墙上新安

装了玻璃黑板。桌凳摆得整整齐齐，地面扫得干干净净。这一切都给人以舒适的感觉。（作者描写了教室中的物品摆放，表现了教室的整洁与明亮。）

操　场

精彩好句

★ 一阵阵欢笑声从操场上隐隐约约地传来，傍晚的校园显得既宁静又充满勃勃的生气。

★ 眼前是一片碧绿的草地，足球场、篮球场、跑道、沙坑、几栋红色楼房，在阳光的照耀下，组成了一幅色彩绚丽的图画。

★ 操场中间，还有两棵洋槐树，它们枝叶茂密，就像两把撑开的大伞，可以挡风雨，遮太阳。同学们常常在树下愉快地嬉戏、玩耍。

精彩好段

【美丽的操场】一到体育课，操场上就热闹非凡，同学们有的跳绳，有的跑步……操场的四周种着一棵棵挺拔的绿树。操场的东面有大理石做成的升旗台，每周一的早上我们都要在那儿升旗——国歌声中，升旗手们把鲜艳的国旗升上旗杆。操场的南面有一个宽大的主席台，主席台的右边是一排排矮矮的冬青树，它们忠实地守护着操场，旁边还有一棵四季常绿的大榕树，就像一把绿绒大伞。操场西面的竹林边有一个金黄色的沙坑，沙坑旁有我们喜欢的单双杠。操场北面是一面白色的墙，上面写着“好好学习，天天向上”八个大字。（作者按照空间顺序，以

操场为中心，描写了校园全景中的几个典型景物。）

校 园

★ 昔日破烂不堪的校舍已不翼而飞，崭新的教学大楼矗立在屏障似的围墙里面，士兵似的传达室守卫在大门旁边。

★ 校园里有迷人的四季：桃红柳绿的春天，枝繁叶茂的夏天，枫红菊香的秋天，松青雪白的冬天。

★ 周围是那么宁静，薄薄的晨雾如轻纱罩着校园，雄伟壮观的教学楼隐没在淡淡的晨雾中，整个校园的黎明温馨而幽美。

★ 在学校的中院有一个菱形的金鱼池，里面有许多红色的小金鱼，它们在清清的水里追逐着、嬉戏着。

精彩好段

【校园一角】它之所以被称为六角亭，是因为顶部有六个高高翘起的飞檐，像展翅高飞的雄鹰，又像威武有力的蛟龙，加上红色的琉璃瓦，在阳光的照射下闪闪发光，十分美丽。六角亭由六根红漆的圆柱支撑，连接圆柱的是宽宽的石椅。这里是同学们课间游戏、休息、聊天的好地方，常常传出同学们欢快的笑声。（作者运用比喻的修辞手法，生动形象地表现出亭子的特色。）

四、名胜古迹

寺庙陵墓

★ 向左转身，可见麻石作为基座的大石碑，四周有汉白玉组成的栏杆，石阶两旁的上端，蹲着两尊一尺多高的石狮。

★ 这古老的寺庙在朦胧夜雾的笼罩下，像一幅浮云之上的剪影一般，显得分外沉静肃穆。

★ 纪念亭坐落在松溪县烈士陵园的东北角，周围花嫩草绿，松柏葱郁，环境显得十分幽静庄严。

★ 走进寺门，首先映入眼帘的是一尊弥勒佛像：袒露前襟，双膝盘坐，手握佛珠，面泛笑意，惟妙惟肖，生趣盎然。

精彩好段

【寒山寺】寒山寺是苏州名刹之一。我们沿着清静幽雅的长廊，来到寒山寺钟楼。钟楼旁有寒山、拾得、丰干三位僧人的石像，对面是唐代诗人张继的《枫桥夜泊》一诗的石刻碑文。钟楼里陈列着寒山寺的古钟。此时此刻，我耳边仿佛回响起了当当的钟声。（作者按照空间顺序进行描写，表现出寒山寺作为文化古迹特有的典雅。）

亭台楼阁

精彩好句

★ 红色尖顶的亭子像是一朵牡丹点缀在绿海里，倒也有“万绿丛中一点红”的别致。

★ 这座亭子矗立在突出一角的岩石上，上下都空空的，仿佛一只苍鹰展开翼翅浮在天宇一般。

★ 红日阁，坐落在红日岭的顶峰，早晨，白色的晨雾在亭阁身边缭绕，亭阁在晨雾的弥漫下时隐时现。

★ 远处，是一座古色古香的八角亭，熠熠的阳光洒落在亭顶上，那金黄色的琉璃瓦闪闪发亮，朱红色的圆柱泛着红光，显得格外耀眼。

精彩好段

【古亭】这亭子呈八棱形，圆圆的屋顶上有一只铜公鸡，虽然生了锈，却也是雄赳赳、气昂昂，让这亭子也变得威风凛凛了。支撑亭子的八条柱子上镌刻着几行字，摸着这字，我好像看到亭子建成之时的场景。（作者写出了古亭虽然年代久远，但依旧气质不凡的特点。）

包含季节名称的成语

有一些成语是包含季节名称的。我们能在成语中找到一年四季的“身影”。你看，成语中有新叶抽芽、花开满园的春，有烈日当空、汗流浃背的夏，有金风送爽、天高云淡的秋，有寒风刺骨、飞雪飘零的冬。我们可以先想一想四季的不同特点，再联想记忆相关的成语。

枯木逢春　春色满园　春意盎然　春寒料峭
夏虫疑冰　夏日可畏　夏雨雨人　夏炉冬扇
一叶知秋　明察秋毫　盈盈秋水　秋高气爽
秋收冬藏　寒冬腊月　数九寒冬　冬山如睡

包含颜色名称的成语

有一些成语是包含颜色名称的，如红、绿、黄、青、蓝、紫、黑、白、金、碧、苍、翠、丹等等。我们可以先认识和了解这些颜色，再联想记忆相关的成语。

红光满面　绿肥红瘦　绿草如茵　黄袍加身
青云直上　青出于蓝　青灯黄卷　姹紫嫣红
起早贪黑　白云苍狗　颠倒黑白　金碧辉煌
苍松翠柏　碧血丹心　青红皂白　银装素裹

记事篇

名家名段赏析

一件小事（节选）

鲁迅

跌倒的是一个女人，花白头发，衣服都很破烂。伊从马路上突然向车前横截过来；车夫已经让开道，但伊的破棉背心没有上扣，微风吹着，向外展开，所以终于兜着车把。幸而车夫早有点停步，否则伊定要栽一个大斤斗，跌到头破血出了。

赏析

作者对老妇人的外貌、动作进行了细致入微的描写，好像把事故发生的过程用慢镜头在我们面前回放一样，为故事情节的发展做了很好的铺垫。

一夜的工作（节选）

何其芳

他一句一句地审阅，看完一句就用笔在那一句后面画上一个小圆圈。他不是浏览一遍就算了，而是一边看一边思索，有时停笔想一想，有时问我一两句。

赏析

作者抓住周总理审阅文件这一细节进行细致的描写，突出了周总理对工作认真、一丝不苟的严谨态度。

小橘灯（节选）

冰心

我提着这灵巧的小橘灯，慢慢地在黑暗潮湿的山路上走着。这朦胧的橘红的光，实在照不了多远，但这小姑娘的镇定、勇敢、乐观的精神鼓舞了我，我似乎觉得眼前有无限光明！

赏析

作者把小橘灯的光比作小姑娘镇定、勇敢、乐观的精神，借物喻人，表达了对小姑娘的赞美和钦佩之情。

孝心无价（节选）

毕淑敏

赶快为你的父母尽一份孝心。也许是一处豪宅，也许是一片砖瓦。也许是大洋彼岸的一只鸿雁，也许是近在咫尺的一个口信。也许是一顶纯黑的博士帽，也许是作业簿上的一个红五分。也许是一桌山珍海味，也许是一只野果一朵小花。也许是花团锦簇的盛世华衣，也许是一双洁净的旧鞋。也许是数以万计的金钱，也许只是含着体温的一枚硬币……在“孝”的天平上，它们等值。

赏析

作者采用排比的句式罗列出了孝心在生活中的表现，突出了孝心无价的主题。

家庭生活

一、日常生活

家庭亲情

精彩好句

★ 彩绸拉起来了，舞曲放起来了，欢呼声响起来了，为奶奶举办的生日祝福会正式开始了。

★ 依偎在爸爸的胸前，我听到了“咚咚咚”的心跳声，爸爸让我感觉踏实，感觉有了依靠……

★ 雪地里，留下一串脚印。我转过身，爷爷奶奶站在门前，向我依依不舍地挥着手。

★ 爸爸愣了好半天才明白过来，然后一下子把我搂进怀里。我们两个都笑了，我笑得那么欢，爸爸笑得那么甜。

精彩好段

【给妈妈洗脚】我捧起妈妈的脚，脱下妈妈那洁白的袜子。那是一双怎样的脚呀！脚面布满了条条青筋，脚底结着厚厚的茧子，隐隐约约还能看到岁月留下的“痕迹”：那是妈妈小时候，在寒冷的冬天光脚

踩在雪地上，脚冻伤愈合后留下的；那是妈妈年少时下河抓螺蛳不小心被瓦片割破后留下的；脚背上的三角形伤疤最明显了，那是大前年妈妈在家洗碗时被打碎的碗扎的……（作者运用了排比的修辞手法，表明了一道道伤痕也是妈妈生命历程的见证。）

家庭琐事

精彩好句

★ 爸爸妈妈今天都不怎么说话，家里的气氛异常压抑，我知道，暴风雨就要来临了，我收拾收拾书包，还是赶紧临阵脱逃吧，哈哈！

★ 奶奶戴着老花镜，絮絮叨叨着，替我钉好纽扣，随手又在我的小屁股上不轻不重地拍了几下。

★ 虽然裤子补得皱皱巴巴的，而且针脚参差不齐，但是，在我眼中，它却是"伟大的杰作"，因为它是我一针一线补出来的。

精彩好段

【大小球迷】我和爸爸都是地道的球迷，四年一次的"世界杯"足球赛，哪有不看的道理？我们上好闹钟，每天夜里准时爬起来，如醉

如痴地欣赏足球赛。可好景不长，妈妈有意见了："电视机开那么大声，叫人家怎么睡？"我连忙调小音量。"你们也真是的，夜里不睡觉，白天倒睡得起劲儿，这足球有什么好看的？明天看重播得了！""妈，你朝外看看，哪个楼里不是星星点点地开着电视？看的人多着哩！再说明天都知道结果了，再看就没意思了！"妈妈还想说什么，却被我和爸爸推出房门，"赶"回她的房间。（作者详细地描写了"我"和爸爸对足球的喜爱，为了看足球赛而"对抗"妈妈。）

二、文化娱乐

家庭联欢

精彩好句

★爸爸最喜欢唱宋祖英的《爱我中华》，我和姐姐、妈妈都情不自禁地跟着爸爸大声地唱了起来，歌声高亢嘹亮，在空中久久回旋。

★我们大家便随着一同唱起来，我和爸爸还用筷子轻轻地打着拍子，整个家庭沉浸在欢乐的气氛之中。

★妈妈那优美动听的蒙语歌给全家人增添了无比的欢乐和喜悦，接着她又用汉语唱了起来。

精彩好段

【家庭晚会】就拿一次家庭晚会来说吧，爸爸和妈妈合唱《十五的月亮》，爸爸还给我们唱陕北民歌。他闭着眼，把双手搭在胸前，"初一

那个闹十五……”边唱边摇着脑袋，轻松而投入。尽管他唱得有点“刺耳”，可我们都爱听。还有妹妹的“儿童迪斯科”，她伴着充满青春活力的舞曲，开心地跳呀跳，全家人不约而同地击掌合拍，纵情欢笑。这笑声穿过窗子，带着我们对美好生活的向往和追求，飘得很远。（作者通过描写爸爸和妹妹的表演，表现了家里的欢乐气氛。）

家庭游戏

精彩好句

★ 妈妈双手捧着气球，腮帮子一会儿鼓起来，像扣上去半个皮球；一会儿瘪下去，像塌下去的深坑。眼睛睁得滚圆，像要裂开似的。

★ 只见妈妈右脚一抬，左手一甩，毽子便稳稳当当地飞过了头顶。她轻轻地跳跃着，那姿势就像一只美丽的花蝴蝶在花丛中飞舞。

★ 我竟然把那个鼻子贴在“小丑”的头顶上，使它显得更滑稽了，逗得全家人都笑了起来。

精彩好段

【打扑克】昨天是周末，妈妈从西安回来。吃完晚饭，我提议打扑克，爸爸妈妈双手赞成，我们玩起了“争上游”。第一局，我赢了，我很得意。就在这时，爸爸故作神秘地笑了笑说：“好戏还在后头呢！”我将信将疑。果然，第二局，爸爸赢了。可是，爸爸脸上的表情很古怪，妈妈怀疑爸爸作弊了。经过一番搜查，果真在爸爸腿底下发现了一张“4”，我和妈妈很“生气”，决定每人狠狠地刮十下他的鼻子。爸爸被刮

鼻子，痛得直“求饶”，这可把我和妈妈笑坏了…… （作者通过对打扑克游戏的描写，展现了爸爸的狡黠和妈妈的聪明。）

学校生活

一、读书学习

课堂记事

精彩好句

★ 老师讲课的声音时高时低，时急时缓，抑扬顿挫，圆润婉转，宛若山间的清泉缓缓地流过我的心田。

★ 同学们完全被张老师讲的课吸引住了，随着他脸上表情的变化，时而凝神深思，时而神采飞扬，时而频频点头，时而颔首微笑。

★ 同学们一个个脖子伸得像被拎起的鹅，瞪圆眼睛，注视着那个实验杯子。

精彩好段

【老师神秘的盒子】听着轻轻的脚步声，我们知道老师来了。老师轻盈地走上讲台，拿出一个盒子。一个同

学着急地问："这盒子里有什么呢？"老师神秘地告诉我们，里面是未来名人的照片。未来名人？老师怎么知道未来的名人是谁呢？教室里一下子乱了起来，大家七嘴八舌地议论开了："未来的名人是谁呢？他长什么样呢？"（老师用设置悬念的方法吸引同学们的注意力，展现了老师高超的教学方法。）

课外学习

精彩好句

★ 他啪地丢掉钢笔，欻地撕下刚才写的那几页稿纸，气恼地把它扔进废纸篓。

★ 不爱动脑筋的小冬立刻合上习题集，大嘴一撇："累死我了，咱先出去透风了！"说罢飞身一跃，出了教室。

★ 经过认真思考，反复演算，她忽然放下笔，举起草稿纸，高兴地跳了起来，连声喊："算出来了，我终于算出来了！"

精彩好段

【我的"海底世界"】又到了星期三，我盼望了一个星期的美术兴趣小组今天又要活动了。老师叫我画一张名字叫"海底世界"的想象画。我先画了一条大海豚，它的头是金色的，身子是绚丽斑斓的七彩色。它的旁边是两条可爱的小海豚，它们亲密地依偎在海豚妈妈身旁。漂亮的美人鱼看着海豚母子亲热的样子，脸上露出了羡慕的笑容。我一边想着有趣的海底世界一边画，越画越投入，越画越开心。美术老师在一旁不停地指导我，这使我的画看上去更漂亮了。（作者通过对自己想象的“海底世界”的描述，展现了对画画的热爱。）

二、师生之间

尊敬师长

★ 我们这些少先队员的代表，手捧鲜花，欢呼着跑上主席台，兴高采烈地把“尊师花”献给了我们亲爱的老师。

★ 老师的爱就如母爱，让我这株小树苗长成一棵参天大树。

★ 老师，您就像高高的航标灯，屹立在辽阔的海面上，时时刻刻为我们指引前进的航向。

★ 王老师的影响是通过一条无声的线路传送的，潜移默化，铸就了学生们一颗颗善良、宽厚、正直的心。

精彩好段

【老师】老师，没有您的鼓励、关爱和理解，我就像一片飘落的黄叶。您把您的知识教给了我，我一定好好学习，不辜负您对我的辛苦付出。您讲得那样生动有趣，每一个章节都仿佛是在我面前打开的一扇窗，让我看到了一个色彩斑斓的新世界……（作者运用比喻的手法来表现老师讲课生动、新奇。）

爱护学生

★ 何老师闻讯赶来，他捋起我的裤管，一看我的小腿又青又肿，还流了不少血，二话不说，背起我就向医院跑去。

★ 穿着带有老师体温的衣服，一股暖流传遍了我的全身，我鼻子一酸，眼泪夺眶而出。

★ 王老师一边亲切地安慰我“别怕，好了，这就好了”，一边细心地替我包扎伤口。

精彩好段

【关爱我们的老师】张老师在学习上严格要求我们，在生活上关心我们。我们班有四十六名同学，张老师为使同学们全身心地投入学习中，利用休息时间走访了每个家庭，对每个同学的家庭状况都了如指掌，以便及时给予我们关爱。张老师还会察言观色呢！只要有同学病了，不用同学开口，她就会主动问同学怎么了，是否用药了；如果病情严重，她还会亲自带同学去就医，使同学的病得到及时治疗。一次我在玩耍时不慎将手划破了，张老师知道了，便急忙带我去校卫生室进行处理。血止住了，伤口也贴上了创可贴，当时我特别感动。我真为有这样一位关心体贴我们的老师而自豪。（作者通过对校园生活细节的描写表现老师对学生的关心。）

三、同学之间

同学情意

★ 这两个伙伴就像秤杆不离秤砣，总待在一块儿。

★ 他们俩是“铁哥们儿”，好得穿一条裤子都嫌肥。

★“别急，咱们一起分析分析。”张帆边说边拍拍我的肩膀，然后挨着我坐下，认真地帮我分析起这道难题来。

精彩好段

【友谊之歌】友谊是雨中的伞，是黑夜里的光，是扬帆远行时的风，是沙漠里的甘泉。友谊是一间不上锁的门，你可以随时敲门进入；友谊也是一把钥匙，能帮你打开心灵之门。饥饿时的一勺稀粥，寒风中的一件棉袄，哀伤时的一滴同情的泪水，愤怒时发自肺腑的一声呐喊……这些，都是友谊的流露。（作者生动地诠释了什么是友谊。）

矛盾烦恼

精彩好句

★ 他们几个以前那么要好，可现在却是各唱各的调，各吹各的号，各念各的经，各走各的道。

★ 他俩像斗架的公鸡，双方都是脸红脖子粗的，你一句，我一句，谁也不让谁。

精彩好段

【原则与友情】星期一上午，刚好轮到我做值日生，我有一个很要好的朋友违反了规定，按照班规应该扣她一次分。这令我很是烦恼：她是我的好朋友啊，记录的话她能不能理解我支持我呢？她会不会不理我呢？如果不记录，老师就会批评我。到底记不记呢？思来想去，我还是公私分明，如实地将她的违规记录在案。（作者通过心理描写，写出了“我”面对朋友违反规定时内心的矛盾。）

成长故事

一、童年趣事

有趣的事

精彩好句

★ 我和妹妹玩成语接龙的游戏，最后妹妹“黔驴技穷”，小嘴一瘪想哭的怪模样，真是有趣。

★我把鞋刷子在墨水里蘸了又蘸，然后拿起爸爸的皮鞋，“唰唰唰”，越擦越欢，美滋滋地想：爸爸准会表扬我。

★我跳进河里，伸手去捞水中离我最近的星星，可是手刚碰到水面，星星立刻变成了碎银片。

精彩好段

【捉蛐蛐儿】我拿了手电筒，悄悄地跑下楼去捉蛐蛐儿。真是太幸运了，我刚走出楼门，就听到不远处的墙角有蛐蛐儿的叫声。我蹑手蹑脚地走过去，立即打开了手电看，嗬！这蛐蛐儿真棒，长长的触须不停地舞着。说时迟，那时快，我以迅雷不及掩耳之势，双手猛地向下一扣。不料，蛐蛐儿早已有逃跑之势，猛地一蹬，跳出了我的“包围圈”。我哪肯放过，东一扑，西一按，可是忙活了半天，还是竹篮子打水——一场空。（作者恰当运用成语、歇后语，体现了平日的语文学习积累。）

后悔的事

精彩好句

★我觉得脸上火辣辣的，手心里渗出冷汗，心头像有千万只蚂蚁在爬。

★我发现周围的同学都在用异样的眼光看着我，那眼神像针扎一样，刺得我难受极了，我再也没有勇气抬起头……

★我追上小足球，不管三七二十一，抬腿就是一脚，小足球滴溜溜飞了出去，接着听到“哗啦”一声，我知道这下自己闯祸了。

★我的脸一下子飞满了火烧云，这事要是传出去，那该出多大的洋相啊！

精彩好段

【无知的错误】有一件事，我每次想起来都后悔不已。那是前年三月份，学校的水池里冒出来一群小蝌蚪。小蝌蚪十分可爱，像逗号，像小黑点，在水中快活地游着，一会儿沉到水底，一会儿浮起来，有趣极了。我们班的同学看到了小蝌蚪，就顺手把它们抓出来玩，而小蝌蚪却因为长时间离开水而死掉了。假如时间可以倒流，我一定要阻止同学们，让小蝌蚪在水中快乐地游泳、玩耍。（作者讲述了同学们因为无知导致小蝌蚪死亡的事情，表达了自己为不能救小蝌蚪而内疚的心情。）

二、我的快乐

成功的事

精彩好句

★ 顿时，全场响起一片欢呼声，观众们都跳起来为我们的成功而鼓掌。

★ 我按哥哥说的去做，不一会儿，鱼竿猛地一抖，鱼线在水中飞转，我赶快拉起鱼竿，果然钓上了一条大鱼。

★ 我身上的血液像沸水一样滚动，胸膛里的小鼓咚咚咚地敲个不停。

★ 胸前的红领巾像一团红红的火苗，随风飘动，好像也在为我的成功喝彩。

★ 成功是一颗颗多味的“糖”，收藏在记忆的盒子里，回味的时候，有香的、甜的，甚至有苦的、辣的味道呢！

精彩好段

【体验漂流】看过了一处处美不胜收的景致，经历了一个个惊心动魄的险滩，我终于到达了终点。河水在蓝天白云的衬托下显得越发清澈，河的两岸青山环绕，峭壁林立，就连水底的鹅卵石也不甘示弱，仿佛进行着一场选美比赛。我大声宣告：我的第一次漂流圆满成功！（作者讲述了自己第一次漂流的经历，虽然惊险，但圆满成功。）

高兴的事

精彩好句

★ 她欢喜得满脸飞霞，两只圆圆亮亮的眼睛，好像两盏明亮的小灯笼。

★ 说到这里，他激动极了，脸红到脖子根儿，太阳穴的青筋也暴得像豆角一样。

★ 她高兴得两眼闪闪发光，脸像朝霞一样闪耀着光彩。

★ 喜悦涌进了我心中，心仿佛荡漾在春水里。

★ 她捂着嘴，嗤嗤地笑着，一双眼睛笑成了一对细细弯弯的月牙。

精彩好段

【放风筝】今天，我和爸爸一起去城市广场放风筝，我兴奋极了。我兴冲冲地跑到城市广场，看见那里有许多人在放风筝，有老人，有大人，有小孩。风筝也有很多种，有“燕子”，有“福娃”，有“哆啦A梦”，还有“蝙蝠”和“飞机”……这些风筝真是千姿百态，让我眼花缭乱。（广场上风筝很多，人也多，渲染出热闹的气氛。）

三、我的烦恼

悲伤的事

精彩好句

★ 这时，我越想越难过，眼泪充满了眼眶，不禁抬头望了一下讲台上的老师。

★ 这是我们最后一次见面，不知怎的，我觉得心里酸酸涩涩的，喉咙里像是哽着个硬块儿似的。

★ 这次回到我朝思暮想的小村庄，却吃惊地看到后山上曾经茂密的树林被砍成了秃子一样，我的心情十分沉重，不由得落泪了。

★ 看到姐姐额头上那道粉红色的疤痕，我心头一紧，眼泪不由自主地流了下来，都是我不好，如果我当初不调皮就好了。

精彩好段

【我不想做女孩】每当我抱着足球，想到绿茵场上潇洒一回时，叔公总会拉住我说："女孩子家，踢什么足球呀！像个疯丫头！"我听了，虽然心里不舒服，但叔公是我的长辈，我不能不听。于是，我坐在椅子上，双手叉腰，把右腿搁到左腿上，心想：等叔公离开后，我再玩儿也不迟。哪知叔公指着我跷起的右腿说："不雅观，不雅观，小姑娘怎么能如此呢？"我感到委屈极了，便使出撒手锏，装模作样地哭起来。谁知叔公非但不哄我，还指着我说："女孩子哭必掩面，听见了吗？"（作者通过语言描写，写出叔公的古板，以及自己个性受到压抑的委屈。）

烦心的事

精彩好句

★ 只听她的口中像倒了核桃车子，噼里啪啦地一阵数落，我气得直打哆嗦。

★ 他这番铿锵有力的话语，如同天空突降的一阵冰雹，砸得我心惊肉跳，无处躲藏。

★ 南方的八月，中午时分，骄阳似火。太阳把树叶都晒得卷了起来，知了扯着长声叫个不停，更给人添了几许烦躁。

★ 我感觉我的生活好像一块锈铁一样，从来就没有过什么光彩。

精彩好段

【胖的烦恼】肥胖给我的生活和学习带来了许多麻烦。比如，上次体育达标测试，由于我胖，活动起来很笨拙，成绩才刚刚及格，因此没被评为“三好学生”。我懊恼，要是我不胖，要是我的体育成绩好一点，那该多好啊！还有一次，爸爸妈妈带我去宁波买衣服。来到一家商店，我看中了几件衣服，却因为太胖，试穿时总是穿不进去，只好望“衣”兴叹了。（作者生动地写出了胖给自己带来的烦恼。）

四、兴趣爱好

音　乐

精彩好句

★我沉醉在优雅的旋律中。啊，弹钢琴是一件多么美妙的事情呀！

★钢琴上弹奏出的一串轻快的旋律，宛如温柔的手指在轻轻抚摩着我的心。

★宛如阳春白雪、天籁之音，真是“此曲只应天上有，人间哪得几回闻”啊！

★绕梁三日，余音不绝。欢快的旋律洒落在心窝里，宛如一群活泼轻盈的精灵，在为心灵进行一次洗礼。

★我爱唱歌，长大了我要当一名歌手，但是我知道，那是要付出辛勤的汗水的，所以我会加倍努力。

精彩好段

【睡前音乐】每晚睡前我都要听音乐，梦幻般的乐曲令我恍如进入仙境，令我在陶醉中进入梦乡……我微微合上双眸，轻轻呼吸着音乐带来的清新的空气，仿佛整个世界都静了下来，只听见鸟儿的轻啼和高山流水的动人的天籁之音。我睁开眼，关掉音乐，那优美的声音仿佛还回荡在这小小的空间之中。（作者运用优美的语言，向我们讲述了睡前听音乐的惬意感受。）

舞　蹈

精彩好句

★ 我忍不住也跟着跳起来，听着音乐，看着画面，我越来越放松，颈、肩、腰、臀尽情地扭动起来。

★ 她的舞姿轻盈时如春燕展翅，欢快时似鼓点跳动，显得潇洒、优美、舒展。

★ 她一只脚尖轻点着节拍，臂膀也和着节奏微微晃动，一双白嫩的手像抚弄着碧波那般轻柔，在胸前划动。

★ 他一跃而起的舞姿，就像一只凌空飞翔的海燕。

精彩好段

【孔雀舞】她一身绯色舞衣，头插雀翎，罩着长长的面纱，脚腕上套着银钏儿，踩着节拍婆娑起舞。她的舞姿如梦。她全身的关节灵活得像一条蛇，可以自由地扭动。一阵战栗从她左手指尖传至肩膀，又从肩膀传至右手指尖，手上的银钏儿也随之振动。她的每一个动作都自然而流畅，仿佛出水的白莲。（作者运用动作描写，写出了舞者自然优美、灵活高超的技艺。）

下 棋

★她跳“马”之后，立即派“先遣部队”一“车”两“炮”长驱直入，打进了对方的阵地。

★我跟外公下棋，虽说是孔夫子搬家——净是书（输），但我并不灰心，一开始就给他来了个“下马威”——架起了“当头炮”。

★我的“车”“马”“炮”一齐出动，前轰后打，左冲右突，在三十厘米见方的棋盘上，纵横驰骋，所向披靡，杀得对方节节败退。

★楚河汉界，战云密布。下棋也像打仗一样，要足智多谋，敢于拼搏，这就是下棋的乐趣。

精彩好段

【棋迷的心】我也喜欢下象棋。在下象棋时，我就像一个统领千军万马的大将军，在战场上叱咤风云，与敌人斗智斗勇，奋勇拼杀。虽然我的象棋水平不算高，但我还是喜欢和别人切磋切磋。（作者自我剖析，说出了许多人在棋场的心态。）

文娱活动

一、团队活动

春　游

精彩好句

★ 公园大门两旁立着一对栩栩如生的石狮子，张着大口，瞪着铜铃般的大眼睛，威风凛凛，像是两个站岗的卫兵。

★ 一路上，漫山遍野的山花令人眼花缭乱。一丛丛，一簇簇，星罗棋布，绵延不断，就像铺了一块五颜六色的大地毯。

★ 到了公园后，我们已经筋疲力尽了，可是当我们闻到公园两旁栽种的花散发出来的香味时，立即变得精神抖擞了。

★ 明媚的春光让人心动，踏青的欲望驱使我们这群快乐的小鸟不顾一切地跑进一望无际的田野。

精彩好段

【天井湖春色】春天的天井湖，到处是一派生机勃勃的景象。小草偷偷地从土里钻出来，嫩嫩的，绿绿的，一大片一大片，满眼都是。风轻悄悄的，草软绵绵的。柳树姑娘站在河边，梳洗着秀发。风轻轻一吹，满头长发随风飘扬。红、白、粉三色桃花互相衬托，点缀着天井湖，使得天井湖更加美丽。（作者运用拟人手法，描述了天井湖美丽的春色。）

联 欢

精彩好句

★ 鲜花、彩练、闪烁的霓虹灯，把新年联欢会会场装扮得格外迷人；欢声、笑声、歌声，使整个联欢晚会充满了浓浓的节日气氛。

★ 联欢会高潮迭起，大家热情高涨，纷纷登台献艺，展示自己的艺术才华。

★ 紫色的幕布拉开了，小演员们像一只只美丽的小蝴蝶，给会场增添了许多欢乐的气氛。

★ 只见他用绳子在空竹上绕了一圈，两手拿着竹竿，然后迅速提了起来，上下左右拉动，空竹一下子就旋转起来了！

精彩好段

【联欢会】联欢会开始了。瞧！那白胡子白眉毛的圣诞老人是从火星来的，他头上长着两根可以伸缩的天线，鼻子是可以扭动的开关。节目主持人一按开关，他就用火星语发表新年贺词，那些话连外语老师也听不懂，只有他特约的翻译才能译出来。白雪公主身穿淡蓝色的连衣裙，肩上披着白纱，头戴皇冠，手拿金色的小星星，向大家祝福。穿着和服的一休随着“咯叽咯叽”的歌曲，敲着木鱼进入会场。他流利地回答同学们现场提出的千奇百怪的问题，为了这，他不知翻了多少书。穿着玫瑰红衣裙的花仙子向同学们提出植物方面的问题，谁答得最好她就把象征智慧的花钥匙给谁。我这个节目主持人在各个节目之间牵线搭桥。（通过圣诞老人、白雪公主、一休等卡通人物的登场，作者向我们描述了一次别开生面的联欢会。）

二、体育活动

踢足球

★用脚弓踢足球适用于左右攻击、近距离射门，这样射门非常准；用脚背踢球适用于前后攻击、远距离射门，这样射门非常猛。

★那球也怪，不飞直线，偏飞曲线，像中了魔法似的，故意与守门员作对，一下子滑进了球门左上角。

★昨天，我找来一个球和一个篮子，把篮子放在远处，目标是把球踢进篮子里。我把球放在地上，然后轻轻一踢，球却撞到了墙上，在墙上留下了灰色的印迹。

★突然，对方的一名队员猛扑过来，我一闪，灵活地做了个假动作，使对方的队员扑了个空。

★起脚，射门，球在空中画出一道弧线，流星般地射向球门。

★砰！球如流星向球门右侧飞来。守门员一个鱼跃扑倒在地上，把球牢牢地抱在怀里。

★他真是个好前锋，灵活得像条龙，带球快如风，一瞬间就冲到了对方的球门前。

精彩好段

【进球】激烈的争夺已持续了二十五分钟。机会来了，客队在进攻中斜吊我方门前，我方后卫蔡锦标争顶中将球传给右后卫林乐丰。小林立即沿边路长传给古广明。小古得球后飞速突破，沉底传给包抄到对方禁区线的沈祥福。小沈在球门十八码线处接球，巧妙地拨给冲上来接应的容志行。容志行在离球门几米处飞身跃起，说时迟那时快，他迎着球用力一顶……啊！足球破门而入！（作者运用干净利落的语言，讲述了一次扣人心弦的进球过程。）

打篮球

精彩好句

★ 他快速运球，左冲右突，乘其不备攻到篮下，跃起，抬臂，压腕，“唰——”好一个干净利落的“空中开花”！

★ 我举起球，对准篮球筐，把球用力往上一抛，球立即闪电般“跑”向球筐。

★ 人人屏住呼吸，个个睁大眼睛，只见他稍稍稳定了一下呼吸，投出一个高抛球，“嘭”的一声，篮球应声入网。

精彩好段

【打篮球】他弯着腰，篮球在他的手下前后左右不停地弹跳。他两眼滴溜溜地转动，寻找“突围”的机会。突然，他加快了步伐，一会儿

左拐，一会儿右拐，冲过了两层防线，来到篮下，一个虎跳，转身投篮，篮球在空中画了一道漂亮的弧线后，不偏不倚地落在篮筐内。（通过动作描写，作者写出主人公在“突围”时帅气的动作和灵敏的反应。）

羽毛球

★ 妈妈也不服输，她的眼睛直盯着在半空中飞驰着的羽毛球，对着羽毛球轻轻地一碰，羽毛球又“飞”了起来……唉！

★ 只见表弟举起球拍，眼睛盯着半空中的羽毛球，不管三七二十一地用力一扣，身子还转了一圈。

★ 小小的羽毛球在空中飞来飞去，像白蝴蝶一样忽上忽下，忽左忽右。

★ 我马上冲上去接球，轻轻一跃，挥拍一个“海底捞月”，可却打了个空。

精彩好段

【我和妈妈打羽毛球】老妈立刻摆好了姿势。我把羽毛球抛到半空中，瞄准目标，用力一拍，羽毛球飞得老远。老妈的眼睛直盯着半空

中的羽毛球，对着羽毛球举拍轻轻地一挡，羽毛球又飞了过来。我举起球拍，不管三七二十一猛地一挥拍，唉，没想到我用了这么大的力气竟然连球的羽毛都没碰到。（通过动作描写，作者写出妈妈打羽毛球的娴熟，反衬出“我”的笨拙。）

乒乓球

精彩好句

★ 孙玉翔在对面稳扎稳打，将球反旋了过来，我也不甘示弱，将球小扣了过去。就这样，我们连续打了好几个回合。

★ 我班同学屏息凝视，只见杜佳昕一会儿发短球，一会儿发长球，一会儿打高球，一会儿打低球，一会儿提拉，一会儿拍杀，连我都看得眼花缭乱，对方就更难以招架了。

★ 比赛开始了。首先是我发球，我把球向上高高地一抛，快落下的时候，我及时挥拍一旋，乒乓球飞过去了。

精彩好段

【乒乓球比赛】我俩开始了“龙虎之争”。第一局，我没有进入状态，输了。第二局我发起反攻，扳回一局。但是第三局我力不从心，

让朱老师又赢了一局。第四局，我想：已经没退路了，全力以赴吧！我又扳回了一局，比分变成了2∶2。观众们有为我喝彩的，也有帮朱老师加油的。随着白色小球来回飞舞，比赛已进入白热化状态，观众们的情绪也渐趋高涨，加油声、呐喊声此起彼伏，一浪高过一浪。（场面描写，写出了比赛的激烈程度。）

三、游戏

堆雪人

★姐姐拿来一条围巾围了上去，又给它戴上一顶草帽，还把桂圆核当作眼睛装上去，最后插上胡萝卜做鼻子，一个雪人总算堆好了。

★用花生做眼睛，用胡萝卜做鼻子，我还给它戴了一顶帽子，又拿出我的红领巾，系在了它的脖子上，一个雪人就大功告成了。

★你瞧那雪人，白白胖胖，蓝眼睛，红鼻子，还戴着个小红帽，真像可爱的白雪公主。

精彩好段

【雪人的诞生】我和小芳在兴致勃勃地堆雪人。小芳用她小小的双手滚了一个又大又圆的雪球，做雪人的身子；我滚了一个又小又圆的雪球，做雪人的头。头、身子堆好了，就差眼睛、鼻子、帽子了。对了，铁桶不就可以当帽子吗？小芳赶快从教室里拿来一个铁桶往雪人脑袋上

一扣。我用黑色的橡皮泥捏了两个小圆球给雪人做眼睛。鼻子用什么做呢？我灵机一动，想起我的书包里还有红色的卡纸。我立马拿出卡纸做了一个圆锥形，往雪人脸上一按，又在下面用手指画了一条弯弯的线。哈哈！大功告成了，一个活灵活现的雪人出现了。（作者详细地介绍了一个雪人诞生的过程，反映出小朋友们的心灵手巧。）

放风筝

精彩好句

★我们的“小老鹰”已经稳稳当当地飞上了蓝天，它越飞越高，仿佛要跟白云比比高低。

★线越放越长，风筝越飞越高，“大蜻蜓”“长蜈蚣”“火凤凰”“包公脸”……各式各样的风筝把蔚蓝的天空装点得像美丽的万花筒。

★大大小小的风筝千姿百态，五颜六色，忽上忽下，忽左忽右，在蓝天白云下竞相媲美。

精彩好段

【自由地飞翔】操场上的人可真不少。我们三个一群、五个一伙地忙着把自己的风筝展示出来。你瞧，那个“大金鱼”飞得可真高，都

快飞到云里去了。它那两条尾巴一上一下，仿佛在空中翩翩起舞。你快看，西边的“哪吒”拿着乾坤圈，踩着风火轮，威风凛凛地在空中翱翔。“哇！‘哪吒’越飞越高了，好像飞机都没它飞得高呢！”我们高兴得一边拍手一边嚷：“‘哪吒’赛过飞机啦！‘哪吒’真棒！”（作者运用生动的语言，写出了飞上蓝天的风筝的千姿百态。）

吹泡泡

精彩好句

★ 你看吧，他们有的仰着脸吹，有的歪着头吹，有的跑着笑着追泡泡，那泡泡像五彩缤纷的气球飘呀飘。

★ 肥皂泡徐徐地落下来，颜色变了，周围是蓝色的，中间则是紫色的，活像一个光彩夺目的大玻璃球！

★ 一个个飞起的泡泡像是在空中高傲地散着步，一串串飞起的泡泡好像在空中赛跑。

精彩好段

【泡泡诞生记】我拿起泡泡管，蘸了一些肥皂水，轻轻地吹着气，一个小小的气泡从管口冒了出来，逐渐地变大，风一吹，就变得扁扁

的，像是一截烤肥肠。很快，泡泡就变得又圆又大，彻底从管口脱离开了，在风中飘舞着，透明的薄膜闪现出七彩的光芒。（作者观察细致，写出了泡泡从管里诞生的整个过程。）

劳动锻炼

一、家务劳动

做饭菜

精彩好句

★ 只听见“唰”的一声，鸡蛋在油锅里迅速散开，它的边缘多像小姑娘裙子上的花边啊！

★ 我先点着火，放上大锅倒进豆油，然后就急急忙忙把猪肉放了进去，用铲子不停地翻来翻去。

★ 我拿起面皮，再夹上一小块儿肉放在上面，然后左一捏，右一捏，一个馄饨就在我手中“诞生”了。

精彩好段

【第一次做面条】我先把葱的皮剥去，然后用刀切成段。“小心点切，我的乖闺女。”爸爸不时提醒着我。然后，我又切了点姜末。接着，我把煤气灶打开，等锅烧干后往锅里倒上油，摇一摇，使油的面积大一些，然后把姜末和葱花倒进去。“好香啊！”我不忘向爸爸做个鬼脸。“别调皮，锅底要煳了！”爸爸提醒我。我赶快往锅里倒水，再放上盐等调料。过了一会儿，水开了。“好！往里面放面条。”爸爸督促着。水烧开后，我往锅里打了两个鸡蛋。“这样更有营养。妈妈太辛苦，我要给妈妈补补身体。”我边打鸡蛋边对爸爸说。爸爸点头笑了。过了几分钟，水又开了，我把已切成段的香菜放进锅里。因为我听妈妈说过，面条里放上香菜会更好吃。我把面条盛到碗里，大功告成！一碗美味的面条做好了。（作者详细地描写了自己做面条的经过。）

缝补衣物

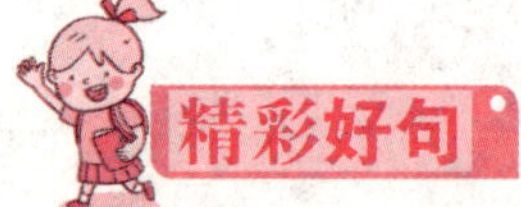

精彩好句

★ 轻飘飘的一根针，在我的手里却变得很重很重，每缝一针我都要费很大的劲儿，刚缝了几针我就累得开始冒汗了。

★ 最后妈妈教我收头。收头的时候要先把线在针上绕两圈，之后再把线往外一拉，线头就收好了。

★ 第一步是穿针，我左手拿针右手拿线，把线往针眼儿里一穿，穿歪了，我又穿，又歪，气得我把线一丢，噘着小嘴说：“不缝了！”

精彩好段

【第一次缝补】怎么办？看见桌上的那团黑线和上边别的明晃晃的针，我眼睛一亮：对，自己补！说补就补，事不宜迟。一切准备工作做好后，我就开始缝了。你说气人不气人，那小小的针，在妈妈手里很灵活，可在我的手里却很不听使唤。刚缝了几针，我手心就出了汗，还扎破了手。费了九牛二虎之力，我终于补完了。我抽抽线想把它拉平，可没想到线被抽了出来，原来，我忘了在线的末尾打结了。唉，没办法，只好再从头开始。终于又缝好了，我赶紧打个结，把余线揪掉。我仔细欣赏自己的成果，好家伙，针脚足有一厘米长，像一条条细细的小黑虫爬在白裙上，真难看。（作者写了自己第一次动手缝补衣服的经历，十分生动地描述了当时因手生而有些笨拙的状态。）

二、义务劳动

卫生扫除

精彩好句

★ 大扫除开始了，同学们干得热火朝天。你看打扫清洁区的同学，他们低着头，弯着腰，挥动着扫帚，把落叶和纸屑扫成一堆一堆的。

★ 擦岗楼和护栏的同学也不轻松，手里拿着湿抹布，被早春的寒风一吹，手指冻得像通红的小辣椒，手背就像刀割一样疼。

★ 抬筐运垃圾的同学，两人一组，矮个儿在前，高个儿在后，迈开脚步，又快又有节奏，好像踩着鼓点似的。

精彩好段

【打扫卫生】我跑到水池边，将抹布搓洗一下就回到座位，刚擦了几下桌子，那白生生的抹布就和乌鸦的毛一样黑了。擦完桌子，那块抹布已经惨不忍睹了。我忙到水池边，将那块抹布使劲地又搓又揉，才将它弄白了些，然后我又奔回了座位。（作者运用夸张的手法写出了座位的脏。）

【拖地】最难的一项就是拖地了。我先往地上浇了点儿混了洗衣粉的水，稍等片刻就开始使劲地拖呀，抹呀，挤呀，弄得我头昏脑涨。终于，我把地上的灰尘一扫而光，地面干净得都能照出人影了。我累得气喘吁吁，大汗淋漓。（动作描写，写出了作者的勤劳、能干。）

植　树

精彩好句

★ 同学们有的挖坑，有的扶树苗，还有的浇水，不少同学累得汗流浃背、气喘吁吁也不肯休息一下。

★有的挖树坑，有的运树苗，有的抬水桶……来来往往，说说笑笑，一派热火朝天的景象。

★我们的脸被汗和泥土弄得一塌糊涂，一个个简直就像浸了泥水的旧地图似的。

精彩好段

【植树】徐远岚小心翼翼地把树苗放进坑里，左瞧瞧，右看看，把树苗扶正了。我用铁锹一铲一铲地把周围的碎土铲进坑里。当铲到一半时，我按照老师的要求，把树苗轻轻往上提了几下，使树根舒展开，然后一边填土一边用脚踩实，使树根与土紧密结合。徐远岚见我把土培实了，便慢慢地给树苗浇水，让水缓缓地渗进土里。（通过动作描写，作者写出了在老师的指导下，大家齐心协力栽种树苗的场景。）

三、农务劳动

耕 种

精彩好句

★一会儿工夫，地翻好了，于是我洒上点儿水，小心翼翼地把一颗

颗“希望”播撒下。

★ 外婆的菜畦里依次排列着油菜、蒜苗、韭菜、莴苣、卷心菜、黄瓜……郁郁葱葱，错落有致，应有尽有。

★ 拖拉机在一望无际的田野上来回翻耕，土花涌起来，就像波浪一样翻腾起伏。

★ 来到了地里，我均匀地撒完种子后，准备去拿沉甸甸的锄头，“砰”，我的头好痛，原来脚踩到了锄尖，锄把突然立起，打在了我的头上。

精彩好段

【学插秧】我学会了出秧，就开始学插秧，左手出秧右手插。妈妈告诉我：“出好的那束秧，要用右手的拇指和食指夹住，再插进泥里，但不要插得太深，也不要插得太浅。”于是，我照着妈妈说的去做。可是，秧刚插进泥里，就像一把伞似的立即散开了。妈妈一看，便说：“插得太浅了。”我把那束秧拔起来，重新插进去。这次插得不深不浅，秧笔直地立住了。我高兴极了！我渐渐地跟上了妈妈，同妈妈合作，很快就完成了插秧任务。（语言描写和动作描写，写出了作者第一次学习插秧的场景。）

采　摘

精彩好句

★ 一阵秋风吹来，棉花们摇摆着枝叶，发出“沙沙”的响声，好像在对我说：“欢迎你，远道而来的小朋友！”

★ 果园里，果农开始采摘苹果、梨、柿子等各种果实，他们的脸上洋溢着丰收的喜悦。

★ 我和同学来到一棵枣树下面，那果实红的像玛瑙，绿的像翡翠，在阳光的照射下，格外耀眼。

精彩好段

【采摘葡萄】阿姨给我们每人一个竹篮和一把剪刀，我看到大多数葡萄用白色的纸袋套着，就像一个个可爱的胖娃娃在白色的帐篷里静静地睡觉。我悄悄地扒开那白色的“帐篷”，看到紫色的葡萄上面带着一层白霜，就像擦了粉一样。我用力将它剪下，握在手里沉甸甸的。我真开心！大家都弯着腰，在葡萄架底下忙得不可开交，一会儿就剪了满满两大篮子，我们心里充满了收获的喜悦。（作者运用比喻手法，写出了葡萄的外形特征，生动形象。）

语文园地

与节日有关的成语

有一些成语是与节日有关的。这些成语有的表现了喜气洋洋的节日气氛，有的展现了节日庆典的热闹场景，有的描绘了灯火闪亮的大街，有的凸显了欢歌笑语的人群。我们可以先仔细想一想这些成语的意思，联想自己过节时的情景和心情，再记忆它们。

辞旧迎新　　龙马精神　　欢天喜地　　喜气洋洋
张灯结彩　　觥筹交错　　载歌载舞　　欢聚一堂
流光溢彩　　灯火辉煌　　花团锦簇　　锣鼓喧天
车水马龙　　门庭若市　　热火朝天　　普天同庆

与学习有关的成语

有一些成语是与学习有关的。学习是学生首要的任务，是学生每天必不可少的活动。这些与学习有关的成语，有的展现了读书的态度和方法，有的概括了学习方法和习惯，有的体现了努力学习的状态，有的表现了不认真学习的状态。我们可以先想一想这些成语的意思，联想自己日常学习生活中的点点滴滴，再记忆它们。

手不释卷　　博览群书　　开卷有益　　一目十行
温故知新　　日积月累　　循序渐进　　举一反三
悬梁刺股　　废寝忘食　　一丝不苟　　专心致志
囫囵吞枣　　三心二意　　蜻蜓点水　　虎头蛇尾

写人篇

名家名段赏析

项链（节选）

莫泊桑

她已经陶醉在欢乐之中，什么也不想，只是兴奋地、发狂地跳舞。她的美丽战胜了一切，她的成功充满了光辉，所有这些人都对她殷勤献媚、阿谀赞扬、垂涎欲滴，妇人心中认为最甜美的胜利已完全握在手中，她便在这一片幸福的云中舞着。

赏析

作者通过对女主人公心理感受的细腻描写，把她内心的喜悦烘托到了极致，也很好地推动了情节的发展。

红楼梦（节选）

曹雪芹

这林黛玉尝听得母亲说，他外祖母家与别家不同，他近日所见的这几个三等的仆妇，吃穿用度，已是不凡，何况今至其家，多要步步留心，时时在意，不要多说一句话，不可多行一步路，恐被人耻笑了去。

赏析

寥寥数笔的心理描写，已刻画出了林黛玉的性格概貌：有着极强的自尊心。

少年维特之烦恼（节选）

歌德

她的姿态时常追随着我，醒时睡时她充满着我的灵魂！此刻，我把眼睛闭了，在我的脑海里，我的心神之力凝聚着，有她的一双黑眼睛俨然存在着。我又睁开眼睛，她也在这儿，犹如海洋，犹如深渊，她在我的面前，我的身上，充满了我头部的感官。

赏析

作者通过对维特心理活动的细腻刻画，把他饱受单相思折磨的痛苦表现得淋漓尽致。

母亲（节选）

高尔基

“我在什么地方看见过他！”母亲想了一想，她想用这个念头来抑制胸中隐隐的不快的感觉，而不想用别的言语来说出这种慢慢地而又有力地使她的心冷得紧缩起来的感觉。但是这种感觉增长起来，升到喉咙口，嘴里充满了干燥的苦味。母亲忍不住想要回头再看一次。她这样做了。那人站在原地方，小心地双脚交替地踏着，好像他想做一件事而又没有决心去做。他的右手塞在大衣的纽扣之间，左手放在口袋里，因此，他的右肩好像比左肩高些。

赏析

作者通过对母亲心理变化的描写，形象地刻画出了母亲的矛盾心理。

家庭人物

一、自我描写

外貌描写

★ 我梳着一束乌黑的马尾辫，走起路来一甩一甩的；我的眉毛弯弯的，像两把镰刀；一双黑黑的大眼睛，看人可厉害了。

★ 我的个子高高的，皮肤白白的，有一头乌黑发亮的短发；两道眉毛下面，有一双水灵灵的大眼睛，别人都说我的眼睛会说话。

★ 我看着镜子里的我：又浓又粗的眉毛，眼睛不算大，但很有神；塌塌的鼻子，也不算难看；齐耳的短发，总梳得整整齐齐。

精彩好段

【猜猜“她”是谁】你瞧，你对面走过来一个女孩：她有着健康的黑皮肤，头上还梳着长长的马尾辫，圆圈似的脸庞上嵌着一对弯弯的眉毛，不大不小的眼睛显得炯炯有神，还有樱桃小嘴

呢。我数三下，你猜猜她是谁，一、二、三，哈哈，猜不出来吧？她就是我。（作者从第三者的角度介绍自己，写作手法别出心裁。）

【快乐的小男生】看我的长相："三大"和"三小"。"三大"：我有大大的眼睛，大大的嘴巴，超大的脚。二大爷送我外号："大眼贼""李大嘴"，还有"大脚仙"。"三小"：头小，手小，个子小。妈妈常喊我"小家伙""臭小子""小不点儿"。看到这儿，你一定认为我长得很怪吧？不是这样的。这两组"三"说明我有个性、帅气，我是一个阳光灿烂、潇洒自信的男孩子——不要太崇拜我哟！（作者语言幽默，用举例子的方式把自己的绰号一一列举出来。）

动作描写

精彩好句

★ 我抓起湿毛巾，按照大人们常说的"扫地扫角落，洗脸洗额头"的方法，擦了一下额头，顺便抹了一下眼眶。

★ 我找来一块布，把它沿边剪了个口子，一手抓住一边，用力一撕，"刺啦"一声撕开了。

★ 我摇摇晃晃地向前走了几步，只觉得腰和腿发软，肩膀发麻，喘不上气来，水也晃出来不少。

精彩好段

【初次下水】我挽起裤脚，脚板还没挨着水，心里就直打鼓，不知水下到底有什么东西，要是有水蛇，那我可就倒霉了。我胆怯地把脚伸

进水里，身子紧贴着岩石砌成的河埠头，两手抓住岸坎。我慢慢地走到同伴身边，心仿佛提到了嗓子眼儿。（动作、心理描写，写出了作者下水时的紧张心情。）

语言描写

精彩好句

★ 我听了爸爸妈妈的话，对他们发誓说："我现在要当个好孩子，长大了当个好人，一辈子做好事不做坏事。"

★ 我对伯父说："我一定要长志气，改掉骄傲这个坏毛病，我要在每个作业本的第一页写上——不要骄傲！"

★ 我在院子里转呼啦圈，"呼啦呼啦"的声音把正在一边干活的奶奶吸引过来了，奶奶笑嘻嘻地说："可以借我试一试吗？"

★ 我压住怒火，尽量平静地说："正因为我们是同班同学，所以更需要大家齐心协力为集体工作。"

精彩好段

【我们家的"家用电器"】中午吃完饭，妈妈叫我洗碗，我不肯洗，妈妈用婉转的语气说："我的小洗碗机，快去洗碗吧！"我就高高兴兴去洗碗了。我一边洗一边说："妈妈，那你是小天鹅洗衣机啦！"因为妈妈常常给我们洗衣服。爸爸不甘落后地说："我是电饭锅，因为我天天给你们做饭。"我笑着说："哈，我们都是'家用电器'了！"（语言描写，刻画出了真心奉献、其乐融融的一家人。）

性格描写

精彩好句

★ 我妈妈说我是“电线杆上插鸡毛——好大的掸子（胆子）”，的确，我从小到大就是天不怕、地不怕的性格。

★ 妈妈常说我是疯丫头。我要是“疯”起来，连男孩子都不是我的对手。

★ 小时候，我好静不好动，总喜欢一个人静静地看小人书，妈妈还以为我得了自闭症呢。

★ 我学习特别勤奋，因为我知道勤奋可以弥补天资的不足，但天资不能弥补懒惰的缺陷。

精彩好段

【我】我是个上进好强的小姑娘。当我碰到难题的时候，我会急忙向老师请教；放学的时候我常常跑进图书馆，如饥似渴地阅读。我在书的海洋中步步前行，在知识的王国中汲取快乐。当同学的成绩超过我时，我会拼命学习；我还会在做完功课后写些作文，改几篇作文，这让我得以在作文上领先一步。这就是上进好强的我。（作者通过列举自己的种种具体表现，刻画了自己求学上进的性格特征）

二、爸爸妈妈

外貌描写

★爸爸的胡子又粗又硬，像刺猬身上的刺，又像刷子上的毛，扎在我脸上又痒又疼。

★爸爸高高的个子，瘦长的脸型，一副黑边眼镜伴随他许多年。

★妈妈今年已经三十多岁了，黑黑的头发，圆圆的脸，眼角也不知何时爬上了几道鱼尾纹。

★妈妈不会打扮，不会跳舞，可她有一双巧手。妈妈的手纤巧、灵活，而且白净、细柔。

精彩好段

【绝版老妈】我的老妈身材高挑，一头卷发，婀娜又洋气。其实以上这些都是老妈逼我写的，她离倾国倾城还有一段距离呢。可她说要想让她“出镜”，就必须这么写，否则就不允许我侵犯她的“肖像权”。（作者调侃“老妈”，营造出轻松的氛围。）

动作描写

精彩好句

★ 爸爸摇了摇头，一屁股坐在椅子上，椅子发出“咯吱咯吱”的响声。

★ 爸爸往窗玻璃上呵一口气，再用指甲蹭一蹭，一连串动作干净利落，我这才能清楚地看到外面的景致。

★ 妈妈步子碎，走得快，像陀螺一样在厨房里打转。

★ 妈妈一会儿爬上，一会儿爬下，手撑着天花板，将抽油烟机擦了不知道多少遍。

精彩好段

【勤劳的妈妈】妈妈做起事来特别快。她看到我们这栋楼的楼道里的灰很多，二话不说，卷起袖子，拿起扫帚就哗哗地扫起来。她扫得特别认真，每一级台阶都不放过，不一会儿就把楼道扫得干干净净了。（动作描写，表现了妈妈的热心肠和认真的做事态度。）

语言描写

精彩好句

★ 妈妈告诉我说：“你一定要记住三个‘尊’：尊重你自己；尊重别

人；保持尊严，对自己的行为负责。”我要牢牢记住妈妈的话。

★ 母亲一见荔枝，脸立刻沉了下来：“你当财主了？买这么贵的东西，你……”我打断母亲的话：“这么贵的东西，就不兴咱们尝尝鲜？”

★ 爸爸语重心长地说：“无论何时你发现自己做错了，都要竭尽所能地去弥补，动作要快！”

精彩好段

【妈妈】你听，妈妈又在发威了！刚吃完饭，妈妈就嚷起来了：“李今，弹琴！”“李今，别磨磨蹭蹭的！”我想反抗，可母命难违，只好乖乖地去琴房。“李今，今天弹《喷泉》！”唉！谁叫我是她女儿呢？我弹了一会儿，弹错了一个音，本以为在认真备课的妈妈没听见，谁知，她又嚷了起来：“李今，你今天怎么一点儿灵感也没有？走调！重弹！”唉！妈妈真烦人！我那不争气的泪珠像断了线的珠子似的直往下掉。（作者通过描写“我”与妈妈的对话，展现了妈妈对“我”弹琴的严格要求。）

性格描写

精彩好句

★ 爸爸是个待人亲切而又健谈的人，我和我的小伙伴晚上常常听爸爸讲他小时候的故事，可有意思了。

★ 爸爸是个严谨认真的人，每一粒扣子都扣得规规矩矩，连外套兜上的扣子，都一丝不苟地扣着。

★ 我的老妈，那可是出了名的婆婆妈妈，凡是跟我有关的事，事无巨细都得管。

★ 妈妈真爱唠叨，一天从早到晚，那张嘴似乎没有闲着的时候，没完没了的唠叨让我的耳朵都起老茧了。

★ 妈妈脸上总是挂着甜甜的笑意，像是心头搁着一块糖，老也化不了。

精彩好段

【篮球迷】我的爸爸非常喜欢看篮球，是个十足的“篮球迷”。每当爸爸看篮球赛的时候，他的双眼总是瞪得大大的，生怕错过每一个精彩的镜头。有时，他会激动得又喊又跳；有时，他又会大声地叹息。看着爸爸投入的样子，我和妈妈总是笑着说：“真是一个篮球迷！”（作者通过对爸爸看球赛时的动作和神态的描写，体现出爸爸对篮球的入迷。）

三、爷爷奶奶

外貌描写

★ 由于多年的操劳，爷爷的手背粗糙得像老松树皮，裂开了一道道口子，手掌上磨出了几个厚厚的老茧。

★ 他高高的个儿，宽宽的肩；别看他已年过古稀，可说起话来，声音像洪钟一样雄浑有力；走起路来“噔噔噔”的，连小伙子也追不上呢。

★ 爷爷上身穿着一件深色灯芯绒衣，下身穿劳动布裤，显得朴素、得体。

★奶奶七十多岁了，满脸皱纹，前额长了两块褐色的斑，她耳朵有点背，别人小声说话她听不见。

精彩好段

【爷爷】爷爷虽说七十多岁了，却眼不花、耳不聋，矮小的个子，硬朗的腰板，黑里透红的脸清癯瘦削，宽额深纹显得饱经风霜，一双眼睛炯炯有神，脸上总是带着微笑，说话声音像洪钟一样响亮。（肖像描写，写出了爷爷虽然年事已高，但依旧精神矍铄、神采奕奕。）

【奶奶的手】记不清多少个夜晚，奶奶坐在昏暗的灯光下用她那双粗糙的手为我缝制冬天的棉衣；记不清多少次，奶奶为了多捡几个麦穗而用她那双满是老茧的手一次次触摸坚硬的土地；记不清多少次，我做错了事，奶奶那双干裂的手急促地举起却缓缓地放下……（作者用排比句式，描述了奶奶的辛劳和对“我”的关心，对奶奶的深情溢于言表。）

动作描写

精彩好句

★再看看爷爷，依然稳坐钓鱼台，如一尊佛像，半眯着眼睛，对我的频频骚扰不理不睬，只守不攻，滴水不漏。

★ 爷爷将笔蘸满了墨，就势在纸的一端一按，然后往后拉，他的笔时高时低，力度有轻有重，一会儿一块石头就出现在我的面前。

★ 奶奶先从兔子脊背处把毛向两边分开，一层一层地往下剪，剪完背上的毛又开始剪肚子上的毛。

★ 奶奶熟练地挥动锅铲，清脆的铁器撞击声，真像美妙的乐曲。

精彩好段

【冬泳】爷爷虽然满头银发，胡子斑白，却显得精神抖擞。他像年轻小伙子一样，利落地跳入冰水之中，挥动着有力的双臂，飞快地向前游去，在他身后扩散出一圈圈发亮的水纹。游了几个来回以后，只见他用双手在冰岸上一撑，轻松地跳上了冰岸，大颗水珠从两颊流下来，胡子和眉毛上沾着晶莹的水滴。一阵寒风吹来，我打了个冷战，爷爷却抹了把脸上的水，又跃入冰水中……（动作描写，写出了爷爷冬泳时不输于年轻人的飒爽英姿。）

语言描写

精彩好句

★ 爷爷笑得合不拢嘴，说：“你真像一个小驯兽师，风筝就像马戏团的动物，在给我表演呢！”

★ 爷爷总爱自言自语：“这鬼天气，还让不让人干活了！”原来，爷爷又想念他种的那几棵白菜了。

★ 奶奶指着书上的字唠叨："你看人家多能，字写得多整齐，横是横，竖是竖，你咋不能跟人家学学呢？"

精彩好段

【我的爷爷】饭后，我们家的盘子里常常会留下一些剩菜剩饭。妈妈要把剩菜剩饭拿去倒了，爷爷总是摆摆手，把饭菜分类收拾起来，语重心长地说："粮食是宝中宝，一粒米一滴汗，来之不易。饭菜中午吃不完，晚上可以吃。你们不吃，我来包。"（语言描写，表现出爷爷节俭的生活作风。）

性格描写

精彩好句

★ 我的爷爷是个"老古董"，他总是叼着一杆破旧的烟袋，嘴里哼着那支陈年小曲儿。

★ 爷爷做事公私分明，他总是告诫当领导的爸爸：宁可自己吃亏，也不要占公家一点儿便宜。

★ 奶奶什么都好，就是太"抠"，每次爸爸给我零花钱，她都要拿走一部分，说是帮我攒着。

★ 我的奶奶人老心不老，穿着打扮可时髦了，用她的话说，"最美不过夕阳红"。

精彩好段

【学跳舞的祖母】跳舞使祖母的生活充满了璀璨的灯光、美妙的晚会、漂亮的长裙、精神抖擞的年轻舞蹈教员，以及学习的鞭策。虽然每周的舞蹈课并没有使她那170斤重的庞大身躯变小，但是祖母的表演，活力四射、沉着冷静、优美自如、充满自信，这使我们都大吃一惊。（作者揭示了祖母心中那个美丽的梦——再年轻一回。）

四、兄弟姐妹

外貌描写

精彩好句

★ 哥哥的一对耳朵啊，活像两片神气活现的撑开着的蚌壳！

★ 哥哥那消瘦的脸上，只有一双眼睛还颇有神采，像一泓清溪蓄下的两汪深潭，蕴藏着无尽的活力。

★ 霞光映射在姐姐的脸蛋儿上，透出粉盈盈的颜色，像涂了一层胭脂。

★ 姐姐露出来的一排牙齿白得像刚刚去了皮的杏仁。

★ 我的姐姐眉清目秀，小长脸，尖尖的下巴像白莲花瓣似的。

精彩好段

【姐姐】我的姐姐有一头乌亮浓密的头发，像黑色的瀑布从头顶倾泻而下，不柔软，却很洒脱，有一种朴素自然的魅力。在两道剑眉和一个略高的鼻子中间嵌着一双大眼睛，像夏夜星空中的星星那样晶莹，似秋天小溪流的水那样清澈。我觉得我姐姐是世界上最美丽的人！（作者运用比喻手法描写了姐姐的外貌，语言生动、优美。）

动作描写

精彩好句

★哥哥小心翼翼地用手将一个杏核对准另一个杏核轻轻一弹，那对杏核便乖乖地碰到一起了。

★哥哥攀着一棵拳头粗的小树，灵活得像只狸猫，三抓两挠，扒住了墙头。

★姐姐向前冲了几步，用力一跳，那矫健的身影在空中迅速地旋转着，又迅速地落入水中。

★姐姐赤着双脚，裤管挽得很高，弓着腰，上身前倾。锄头在她手中腾跃着，忽上忽下，忽左忽右。

精彩好段

【家有“犀利”哥】一次，饭菜勾不起我的食欲，我便趁着妈妈不在，把饭倒进了垃圾桶里。忽然，哥哥在旁边大吼一声：“老妈驾到！”我心跳瞬间加速。如果妈妈看见我把饭倒了，一定会唠叨半天：“谁知盘中餐，粒粒皆辛苦……”天哪，我不要！那没完没了的说教太恐怖啦！想到这儿，我不禁打了个寒战，双手一抖，“啪”的一声，漂亮的青花瓷碗应声落地，摔成了碎片，调皮地“飞”向四面八方。我战战兢兢地一抬头，妈妈的人影没见着，哥哥却在一旁窃笑，那欠扁的脸上分明写着：这下你真的完蛋了！我愤怒地瞪着他。僵持了十秒后，我拿起拖鞋追着他满客厅跑：“啊，我跟你没完！”（作者通过写哥哥骗“我”的事情，体现哥哥的调皮。）

语言描写

精彩好句

★哥哥说：“常言道‘男儿有泪不轻弹’，你也是个小男子汉了，还哭得像个大姑娘，你就不害羞？”

★哥哥是个暴脾气，一进门就冲我大喊：“你懂什么啊，老是不懂装懂地跟着我瞎转。”望着哥哥那可怕的样子，我委屈地哭了起来。

★“这些钱只准放进去，不准拿出来。要等到你上学的时候，才可以拿出来买学习用品。”姐姐郑重地说。

精彩好段

【帅哥哥】瞧！站在你面前的是一个“帅小伙”，他眼睛大大的，眼神里透着一种小男孩特有的机灵劲儿。哥哥的脸儿黑，姥姥曾说他掉在地上找不着。他便抿抿嘴，眼珠子一转，说道：“黑是健康色嘛！”一句话说得姥姥哑口无言。和所有的小男孩一样，他特别调皮，家里总是被他弄得一塌糊涂。你要是生气了，他准会无辜地眨着亮晶晶的眼睛问：“我做错了吗？”让人哭笑不得。（作者通过语言、外貌描写，写出了小男孩充满活力又聪明调皮的特点。）

性格描写

精彩好句

★哥哥是个超级篮球迷，只要电视里播放篮球比赛，他必定准时收看，而且每次只要看篮球赛，他就什么都不顾了。

★哥哥脾气很倔，争强好胜，从不服输，只要他认为对的事，就一定要坚持到底。

★我的姐姐既泼辣又固执，发起火来像头狂怒的狮子，比男生还野；固执起来，就像一块大石头，任你怎么做，都纹丝不动。

精彩好段

【俏皮的表弟】表弟不但聪明，还很俏皮，他经常想出一些新花样来玩，一块橡皮他都会摆弄许久。一天，他到镜子前去梳头，梳着梳着，发现自己的头发太长了，于是异想天开，想给自己剪头发。只见他拿起剪刀，对着镜子胡乱剪起来。结果可想而知：老远看去，黑一块儿，白一块儿。我敢说，走在路上，他的回头率准比时尚美女还要高。（性格描写。作者通过剪头发这一具体事例，揭示了表弟俏皮的性格特点。）

校园人物

一、老师

外貌描写

精彩好句

★他穿着干净整洁的深灰色中山装，领口系得严严实实。

★陈老师中等身材，留着一头乌黑亮丽的长发，白净的脸庞。最特别的是，她那双炯炯有神的大眼睛仿佛能够看穿我们的内心世界。

★英语老师细高个子，短头发，睫毛又黑又长，大眼睛一眨一眨的，仿佛在说话。

★ 体育老师长得魁梧高大，留着平头，四方脸上一对大眼睛炯炯有神。

精彩好段

【我们的舞蹈老师】我们的舞蹈老师可是非常漂亮，她个子挺高的，身材很好，不胖也不瘦。细看，她留着齐耳短发，头上总是一左一右地夹着两只发夹，把头发紧紧地拢在耳朵后面，露出光滑白净的脸庞。她的眼睛不大，细细长长的，但是很有神采，一笑就变成了两条缝。鼻子微微上翘，给人一种俏皮的感觉，显得十分可爱。她平时最喜欢穿的是一条蓝底白花的连衣裙，裙摆又宽又大。她一跑动起来，裙子就像一只花蝴蝶一样飞起来了。（外貌、神态描写，写出了舞蹈老师的亲切和可爱。）

动作描写

精彩好句

★ 贾老师使劲向前弓着身子，抓紧伞，进一步，退半步，踉踉跄跄地向前走着。

★ 我们的体育老师跑到跳高架的横杆前，双脚踏地，双臂猛摆，身体就像燕子一样飞过了横杆，甭提多帅了。

★ 一位退休老教师正在聚精会神地看画报。由于戴老花眼镜的时间长了，有些累，他把眼镜往上推了推，挂在了额头上，看起来有几分滑稽。

精彩好段

【与老师玩游戏】“老鹰”还真狡猾，一会儿左，一会儿右，可都被“母鸡”挡住了去路。突然，“老鹰”后退几步，紧接着又向“母鸡”猛扑过去。“母鸡”吓了一跳，连连后退。“老鹰”趁机从“母鸡”身边直扑过去，抓住了“小鸡”。（动作描写，写出了与老师玩“老鹰捉小鸡”游戏时的激烈场面。）

语言描写

精彩好句

★ 老师和蔼地对我说：“字，是知识的门面。字写得不好，不仅会给人家留下不好的印象，还会影响表情达意。”

★ 老师鼓励我说：“请你相信，在你追求、拼搏和苦干的过程中，我将永远面带微笑地站在你的身旁。”

精彩好段

【我的语文老师】有一次语文课，于老师像往常一样走进教室上课。互相问好后，于老师神神秘秘地说：“今天，请同学们用耳朵认真听，

用眼睛仔细看，用脑子仔细想，最后写出来。”然后，于老师让我们到讲台前读作文。何依妮同学被请上讲台，她本来胆子就小，到了台上声音更轻了，像蚊子嗡嗡叫似的，我们根本听不清楚。于老师走到她的身边用左手摸摸她的头说：“你这个音响音量太小了，我来帮你‘调’一下。”说完他伸手向后扭了两下何依妮的右耳朵。这一“调”果然有效，依妮的声音一下子变得响亮了。全班同学顿时哈哈大笑。（作者运用语言描写，把于老师幽默的特点淋漓尽致地描绘出来。）

性格描写

★ 李老师最喜欢和我们开玩笑。他风趣幽默的性格感染了我们，和他在一起，我们甭提多开心了。

★ 音乐老师迈着有节奏的步伐走进了教室。她是个性格开朗的阳光大姐姐，总是充满了活力，像是永远不知道疲倦似的。

精彩好段

【我的“无敌”老师】“无敌”老师很幽默。有一次，他让陈兴上讲台读作文，我没听清楚以为是叫我，就站了起来。这时“无敌”老师说：“咦，焦典，你怎么也跟着站起来了？是不是怕陈兴在台上紧张呀？”同学们听了这话大笑起来。奇怪的是，虽然把大家逗得哈哈大笑，他却满脸正经，没有一丝笑容。（作者通过典型事例展现了老师幽默的性格特点。）

二、同学朋友

外貌描写

★ 他一笑，满口牙齿大的像玉米粒，小的像葵花子，顶小的像老鼠屎，全部暴露无遗。

★ 他穿着一身蓝色的校服，脚上是一双黑布棉鞋，头戴一顶褐色棉帽，帽檐压得很低。

★ 她的眼睛黑黑的，老是湿漉漉的，长长的睫毛像是长在水岸上的青草。

精彩好段

【我们班的“谐星”】他，中等身材，留着平头，一双小眼睛，一个不高的鼻子，还有一张能说会道的小嘴，一看就是个十分幽默的人。他就是我们班的谐星——刘平。（作者通过外貌描写，让读者对文中的主人公有个大体认识。）

【棘手的“鬼丫头”】她，一个棘手的“鬼丫头”，班中有同学这样称呼她。她爱穿一身中性的服装，身体显得很结实。她的脸很黑，头上扎两条小辫子，走起路来一翘一翘的。她说话带点男孩的腔调，做事可利索了。（肖像描写，使一个风风火火、性格爽朗的女孩形象跃然纸上。）

动作描写

★ 他迅速运球，左冲右突，攻到篮下，跃起，抬臂，压腕，“刷——”好一个干脆利落的空中开花。

★ 他双手抱球，接着三个箭步，纵身一跃，一个腾空，投进一个两分球。

★ 同学们拎着水桶，拿着抹布，一会儿擦交通岗台，一会儿擦街边的栏杆，干得热火朝天。

★ 他迈着轻快的步子跑到踏板前，往踏板上一蹦，两脚齐落，就像踩在弹簧上似的，身子立刻弹了起来。

精彩好段

【“哭王”三变脸】第一节语文课刚下，天生猴急的商佳一就往外跑，不小心把“哭王”的书碰翻在地，他收不住脚，竟踩了上去。“哭王”一看，牛脾气一下子上来了。他一把拉住商佳一的手臂，红着脸，瞪着眼，咬着牙，用一根手指戳着对方的胸，生气地吼：“捡起来，给我擦干净，要一尘不染！”要知道商佳一也是十足的牛脾气，见“哭王”这么气势汹汹，溜到嘴边的道歉话缩了回去，死也不捡，还把手一甩，头一扭，迈开大步开溜了。“哭王”这下火了，冲上去狠狠地一推，商佳一毫无防备，跌倒在地。这可真是在太岁头上动土！（语言、动作描写，体现出了“哭王”不同寻常的牛脾气。）

语言描写

精彩好句

★ 王卉生气地说："你别那么骄傲，山外有山，天外有天。"

★ 丹丹晶莹的泪珠像断了线的珍珠滚下面颊，她失望地说："这回妈妈肯定饶不了我！"

★ 小河胆怯地低着头，不敢看爸爸那张阴云密布的脸，唯唯诺诺地说："我这次考试没有及格！"

精彩好段

【爱讲道理的她】她又滔滔不绝地像开机关枪似的讲起大道理来了："我认为同学之间不应该这样故意找难题来考对方，大家各有优点和缺点，只有不断地虚心向别人学习，才能够不断地……"她说话的频率那么快，让人听了都有些透不过气来，我真想给她叫个"停"，或给她的话多点上几个逗号。（作者运用夸张的手法，描写了人物快人快语的特点。）

性格描写

精彩好句

★ 在我们女生眼中，男生都是非常狂妄自大、调皮马虎的，可胡君岩却不一样，他腼腆得像个小姑娘。

★ 汪小海是个很仗义的男生，无论哪个同学遇到困难，都会第一个想起他——我们的班级英雄汪小海。

★ 李晓同学是个足球迷，一谈起足球，他三天不吃饭都无怨无悔呢！

★ 别以为我是个小姑娘，就会很文雅很安分，其实我是个调皮的假小子！

精彩好段

【厉害的晓敏】说起晓敏，那可是全校风云人物，无人不知，无人不晓。她外表美丽，做起事来雷厉风行。她是班长，要是上课时男生们搞小动作，立马会有一道寒光射过去。那是晓敏的必杀绝技，她只要看一眼，那些男生就会马上乖乖地坐好。晓敏呢，也是老师身边的“大红人”，学习成绩更是顶呱呱，要是她认了第二，那就没人敢认这第一。真是太厉害了！（语言夸张幽默，很好地刻画了一个外表美丽、学业优秀、做事有能力的班干部形象。）

社会人物

一、街坊邻居

外貌描写

精彩好句

★ 我很喜欢待在张爷爷的身边，数他额头上像小溪似的皱纹，更喜欢他那干裂、粗糙得像松树皮一样的手在我光滑的头发上抚摩。

★ 马阿姨的嘴唇灰白，全无血色，像两片柳叶那样微微地颤动着，好像急得有话说不出来的样子。

精彩好段

【“象棋迷”叔叔】我爸爸有一个朋友，姓杨。他有一张瓜子脸，高高的鼻梁上架着一副镶金边的眼镜，眼镜后面还藏着一双慈祥的眼睛哩！啊？你问他身材啊！四个字：不胖不瘦。（自问自答，诙谐地用四个字概括人物的身材。）

动作描写

★ 刘大妈气得两眼直冒火花，挪着颤巍巍的步子，一摇一摆地走了。

★ 她边跳边念英语为自己打节拍，头不停地摆着，小手不停地在空中画着圆弧，屁股也不停地扭动。

精彩好段

【吃瓜子】他如法将瓜子塞进口中，咔地一咬。然而咬时不得其法，唾液把瓜子的外壳全部浸湿了。他拿在手里剥的时候，滑来滑去，无从下手，终于滑落在地上，无处寻找了。他空咽一口唾液，再选一粒来咬。这回他剥得非常小心，把咬碎了的瓜子陈列在舱中的食桌上，俯下头，细细地剥，好像修理钟表的样子。约莫一两分钟之后，他好容易剥得了些瓜子仁的碎片，郑重地塞进口里去吃。（动作描写，写出了主人公吃瓜子时的笨拙和憨态。）

语言描写

★ 刘爷爷乐呵呵地说："我在家里憋得难受，还是出去溜达溜达痛快！"

★王叔叔捡起散落一地的零件，淡定地说："我们有双勤劳的手，怕什么，拆了，重来！"

★只见张叔叔站在窗前，皮笑肉不笑地喊道："老王，你又喊什么？吃炸药了？"

★隔壁的阿姨急得团团转，一副愁眉苦脸的样子，嘴里不停地说："怎么办呢？"

精彩好段

【助人为乐的"忙叔"】望着"忙叔"，我好奇地问："'忙叔'，天这么冷，您怎么不多睡会儿？""忙叔"用手轻轻地刮了一下我的鼻子，说："扫扫雪，暖暖身子。再说早点儿起来把雪铲掉，行人走路就方便多了！"听了"忙叔"这番话，我心头一热，对"忙叔"说了声："再见！"刚要走，"忙叔"对我说："小薇，别走呀！来，我给你绑绑脚。"说着，他拿出一簇稻草，用他那双粗大的手，灵巧地搓了根结实的草绳，蹲下来，利索地系在我的鞋子上，然后直起身，拍了拍我的肩说："好了，走吧！"（对人物语言的描写，使得"忙叔"热心助人的个性跃然纸上。）

性格描写

★这位王爷爷呀，整天乐呵呵的，好像眉毛胡子上都挂着笑，和孩子们玩起来简直就是个"老顽童"。

★ 住在我家楼上的罗强是小学五年级的学生，他脾气倔强，而且有点“怪”，尤其好哭。

★ 楼下的顺子姐姐胆子小，脸皮薄，一见生人就脸红，也不抬眼皮儿，难得一开口，轻声细语，笑不露齿。

精彩好段

【“山辣椒”阿姨】我们那幢楼里有一位家喻户晓的“山辣椒”阿姨。她叫程玲凤，30 岁，眼睛像会说话似的，乌黑的头发披在肩上，鼻尖稍微向上翘，像是在向人挑战。她的脾气不怎么好，嘴巴快，性子急，爱争强好胜，所以得了个“山辣椒”的雅号。她却说：“‘山辣椒’就‘山辣椒’呗！你们呀，小心舌头教我‘山辣椒’给辣着了，那可是自作自受！”你瞧，这个“山辣椒”阿姨真够“辣”的。（外号点明了人物“辣”的性格特点。）

二、各行各业

外貌描写

精彩好句

★ 这位老清洁工五十多岁，矮小身材，背稍微有点驼，饱经风霜的脸上布满了深深的皱纹。

★ 这位老师傅长方形的脸上，只剩下被风霜浸染成酱紫色的皮肤和有棱有角的骨头。

★ 他全身披挂，头戴藤盔，足蹬胶靴，腰束棕绳，手提花瓣灯管，瞧那副神气，不像去做工，倒像去打仗。

精彩好段

【卖糖葫芦的老奶奶】她围着银灰色的围巾，白色的帽子低低地压在眉毛上，那圆圆的脸上有一双慈祥的眼睛，深蓝色的棉袄上戴着白色的套袖。她身边有一辆带玻璃罩的小推车，蓬松的泡沫塑料上插着许多冰糖葫芦呢！她见我们走来，便微笑着大声招呼："乖乖，吃一根糖葫芦吧！奶奶的糖葫芦一根一种味儿！"（外貌描写，刻画了老奶奶的外在形象。）

动作描写

精彩好句

★ 王大夫拨开围观的人群，挤了进去，查看了那人的伤势后，便毫不犹豫地把他抱了起来。

★ 他披着件雨衣，迎风叉腰站立，那威风凛凛的高大身影活像井架。

★ 纺织女工灵巧的双手在纱锭间翻动，像春燕在白云中飞舞。

精彩好段

【爆米花叔叔】炉膛里的火苗欢快地跳跃着，发出金黄色的光，渐渐地，火光变成了蓝色。叔叔不知疲倦地拉着，转着，额头上渗出粒粒晶莹的汗珠，让人萌生一丝崇敬的感情。突然，叔叔飞快地转起转柄来。他瞥了一眼气压计，转柄停住了。叔叔抓起一根铁棒，卸下爆筒，把它套进布袋里。“出米花了！”喊声未落，嘭！爆筒里发出震耳欲聋的声音，我们吓得躲开了。布袋里盛满了白花花的米花，四周空气里飘荡着一股香喷喷的气味。（作者综合运用多种描写手法展现了“爆米花叔叔”爆米花的过程。）

语言描写

精彩好句

★ 汽车还没有停稳，司机就打开车门，一看就明白了，大手一挥：“快，抬上来！”

★ “您好，有什么需要我为您服务的？”营业员对着爸爸甜甜地说。

★ “哪位同志能给这位老人让个座？”售票员圆润的声音从车厢前面一直飘到车尾。

★ “不要挤，排队上。”她清脆的声音时时在车厢里回荡。

精彩好段

【“泥鳅叔叔”】“泥鳅叔叔”性格开朗，十分风趣，有时候还有一

点儿滑头。一次，我背着爸爸跑去和他下棋。玩到后面，我比他多剩一匹“马”，眼见他已无力回天了。这时候他突然抬起头冲着门口喊道：“老冯，你过来了。”我以为是爸爸过来了，下意识地一回头。当我发现自己上当，再看棋盘时，我的那匹“马”已从棋盘上消失了。我不依不饶地说他耍赖，他却风趣地告诉我说：“那匹‘马’是见着你爸爸以后吓得从棋盘上跑掉了，根本就不是我做了手脚。”（风趣的语言体现了“泥鳅叔叔”幽默的性格特征。）

性格描写

精彩好句

- 那位老艺人整天红光满面，喜笑颜开，好像随时有喜事从天而降。
- 漂亮的售票员向他微微一笑，就像朵白云轻飘飘地向他飘来，他的疑虑顿时消失了。
- 他像生活在瓷器店里那样小心翼翼，生怕碰碎什么似的谨慎行事。
- 他无畏、爽直的性格是一个军人所必需的本色，他使我心悦诚服。

精彩好段

【严肃的医生】他在手术室里是最沉默的医生。他不准谁多动一下。他有着一副令人害怕的严肃面孔，他吝啬到连两三个字一句的话也不说，总是用手势代替说话。（作者通过简洁的言语，刻画了一个严肃认真、不苟言笑的医生形象。）

包含人物名字的成语

有一些成语是包含人物名字的。这些人有的是我国历史上的名人，有的是典籍或流传下来的故事中的人物，如鲁班、孙山、塞翁、毛遂、东施、叶公、愚公、夜郎国国王、江郎、杞人、管仲、鲍叔牙、庖丁、孟母、向平、阮孚、纣王等。我们可以先了解一下这些人，以及与他们相关的故事，再联想记忆相关的成语。

班门弄斧	名落孙山	塞翁失马	毛遂自荐
东施效颦	叶公好龙	愚公移山	夜郎自大
江郎才尽	杞人忧天	管鲍之交	庖丁解牛
孟母择邻	向平之愿	阮囊羞涩	助纣为虐

包含人体器官名称的成语

有一些成语是包含人体器官名称的。我们按照从上到下的顺序看一看，在头上的有发、眉、眼（目）、耳、鼻、口、唇、牙（齿）、舌，在身上的有颈、肩、心、胸、手、足、踵（脚跟）。我们可以先认识这些人体器官，再联想记忆相关的成语。

百尺竿头	怒发冲冠	眉开眼笑	目不识丁
掩耳盗铃	嗤之以鼻	出口成章	唇亡齿寒
以牙还牙	油嘴滑舌	刎颈之交	摩肩接踵
心不在焉	捶胸顿足	手足无措	指手画脚

状物篇

名家名段赏析

秋夜（节选）

鲁迅

枣树，他们简直落尽了叶子。先前，还有一两个孩子来打别人打剩的枣子，现在是一个也不剩了，连叶子也落尽了。他知道小粉红花的梦，秋后要有春；他也知道落叶的梦，春后还是秋。他简直落尽叶子，单剩干子，然而脱了当初满树是果实和叶子时候的弧形，欠伸得很舒服。但是，有几枝还低亚着，护定他从打枣的竿梢所得的皮伤，而最直最长的几枝，却已默默地铁似的直刺着奇怪而高的天空，使天空闪闪地鬼䀹眼；直刺着天空中圆满的月亮，使月亮窘得发白。

赏析

作者采用象征手法，托物言志。那“落尽叶子”“默默地铁似的”直刺天空的枣树，那知道“秋后要有春”的小粉红花，那做着“春后还是秋”的梦的落叶，无不表达了作者悲壮、寂寥而又执着的复杂心情。

猫（节选）

老舍

它要是高兴，能比谁都温柔可亲：用身子蹭你的腿，把脖子伸出来让你给它抓痒，或是在你写作的时候，跳上桌来在稿纸上踩印几朵小梅

花。它还会丰富多腔地叫唤，长短不同，粗细各异，变化多端。在不叫的时候，它还会咕噜地给自己解闷儿。这可都凭它的高兴。它要是不高兴啊，无论谁说多少好话，它一声也不出。

赏析

作者用充满感情的笔触描写了猫的动作、神态和声音，表达了对它的喜爱之情。

石榴（节选）

郭沫若

单那小茄形的骨朵已经就是一种奇迹了。你看它逐渐翻红，逐渐从顶端整裂为四瓣，任你用怎样犀利的劈刀也都劈不出那样的匀称，可是谁用红玛瑙琢成了那样多的花瓶儿，而且还精巧地插上了花？单瓣的花虽没有双瓣的豪华，但它却更有一段妙幻的演艺，红玛瑙的花瓶儿由希腊式的安普剌变为中国式的金罍，殷、周时古味盎然的一种青铜器。博古家所命名的各种锈彩，它都是具备着的。

赏析

作者从骨朵翻红，到四瓣匀称，采用了夸张和反问的修辞手法强化了花开的动态美；“红玛瑙的花瓶儿”由“希腊式的安普剌”到“中国式的金罍”，果实进一步成长，又用“锈彩”比喻石榴果实表皮的斑纹，语言形象生动、准确凝练，生动逼真地展现了“一段妙幻的演艺”。

动　物

一、宠物

猫

精彩好句

★ 这只小猫浑身雪白，没有一丝杂色，一眼望去，活像一团雪球在地上滚来滚去。

★ 猫有一对明亮的眼睛，即使在伸手不见五指的黑夜里，也能看清东西，再狡猾的老鼠也逃不过它的眼睛。

★ 花花可漂亮了。它全身的毛是金黄色中掺杂一点儿黑色。它的耳朵呈三角形，还不时地动，有一点儿声音它都听得见。

精彩好段

【家有麻花猫】它是去年九月来到我们家的。那天下午，我一回家，就发现家里多了几样东西——猫砂盆、猫窝、猫饭盆，可就是不见猫咪。我向角落里一

望，只见一双闪闪发亮的眼睛正盯着我。我把它抱起来端详，发现它真是太漂亮了：它的身上有狸花猫的特殊花纹，四条腿和肚子、脖子上却是雪白的毛；眼睛碧绿碧绿的，瞳孔放大时显得可爱，瞳孔缩小时显得犀利；尾巴软极了，还很长。大家为它取了个形象的名字——“麻花”。（作者对小猫的外形进行了细致全面的描写，介绍了“麻花”名字的来历。）

狗

精彩好句

★ 这条高大的银灰色的狗，胸脯厚，脑袋大，长着漂亮的长腿，能像猎犬一样轻松地跳过栅栏。

★ 有时它紧紧地抱着我的腿，眼睛盯着我，还会用鼻子嗅我的腿，直到我把它抱在怀里，抚摸它那一身柔软的毛，它才安静下来。

★ 这只天真可爱的卷毛狮子狗，小黑尾巴一摆动起来，就像个滚动的小绒球。

★ 它总是先在我周围蹦来跳去，然后跳到椅子上趴下，目不转睛地看着我。

精彩好段

【小黑狗】小黑狗的性情很温顺，很通人性。我和它相处久了，产生了感情，它好像很理解我。每当我生气的时候，它就静静地蹲在我身边一动也不动，似乎想陪我度过那难过的时

间；我高兴的时候，它就会围着我跑来跑去，汪汪汪地叫着，很讨人喜欢。（作者通过动作描写，表现出小黑狗讨人喜欢的特点。）

二、家禽

鸡

精彩好句

★小鸡身上的毛乌黑油亮，小脑袋时常摇来晃去，两只炯炯有神的眼睛四处“扫描”，像是在侦察敌情。

★大芦花总是把头昂得高高的，尾巴翘翘的，两只金黄色的脚走起路来噔噔地响，样子可威武呢。

★我家的母鸡个儿高，身体壮，头上冠子红红的，就像戴了一顶红帽子。

精彩好段

【我家的大公鸡】我家有一只漂亮的大公鸡，十分讨人喜爱。它圆圆的头上长着大红冠子；尖尖的嘴；椭圆形的眼睛，眼睛后面有一小撮突起的毛，底下藏着圆形的小耳朵；身上长满油亮的花羽毛，像披着一件锦衣似的；细长的腿上长着两只金黄色的爪；长长的尾巴向上翘着。它走起路来总是昂着头，有时还拍打着翅膀，喔喔喔地叫个不停，样子十分威武。（作者从“漂亮”一词入手，写出了大公鸡外形的特点。）

鸭

精彩好句

★小鸭走路时，总是挺着胸，拍着翅膀，一摇一摆地，嘴里还不停地嘎嘎叫着，好像在夸耀自己。

★它们的头颈一动一动的，吞下食物后，欢快地叫几声，然后拍拍翅膀，还把嘴巴在胸脯上擦干净。

★鸭子的扁黄嘴像一把小铲子，吃东西的时候，嘴里不时发出“吧唧吧唧”的声音，用力地那么一铲，一扬脖儿就把食物吞下去了。

精彩好段

【漂亮的小黄鸭】人家说小鸭子是丑小鸭，可是我家的两只小鸭子却非常漂亮。尤其是那只黄鸭子，它披着一身美丽的黄绒毛，一双眼睛又圆又亮，小扁嘴黄黄的，两条又短又粗的腿支撑着它那肥胖的身体，在地上蹒跚地走着。（外形描写，写出小黄鸭的漂亮。）

【鸭鸭斗】一天早上，我刚走出屋，就看见两只鸭子在地上抢着什么。我跑到跟前一看，原来，它们在抢一条肥胖的大虫子。黄鸭子叼着虫子的头，黑鸭子叼住虫子的尾，各自拼命往自己这边拉，想把虫子从对方口中夺过来。它们俩争夺了好半天，最终是黑鸭子让了步，把虫子放下，去吃别的了。黄鸭子看到这种情况当然高兴，张开嘴朝

黑鸭子得意地叫起来。（动作、神态描写，写出了两鸭相斗从互不相让到一方妥协的过程。）

鹅

精彩好句

★ 一个椭圆形的身躯，披着一身雪白的纱衣，再加上一顶红色的小帽，展现在你眼前的是一只十分漂亮而神气的鹅。

★ 大白鹅的头上有一个红红的斑点，就像嵌着一块红宝石，又像戴着一顶红红的帽子。

★ 过了不久，小鹅的羽毛干了，细细的绒毛闪着金黄的光泽，红红的嘴巴、脚掌透着血丝，它们欢快地叫着，到处乱跑。

精彩好段

【小白鹅】小白鹅可漂亮哩！红红的小嘴巴又扁又宽，微微向上翘起，一个淡黄色的小包包在额头上突起，一双圆溜溜的小眼睛，镶嵌在脑袋两侧，平时总是东瞧瞧西望望，像一位警惕的侦察兵在侦察什么似的。一身雪白的衣裳，在明媚的阳光照耀下，还闪闪发光哩！两只大翅膀一呼扇起来，像两把大扇子哗哗作响。一双扁扁的小脚，支撑着肥胖的身子。没事的时候，它就慢慢地踱着方步，摇摇摆摆，显出特有的从容、沉着的神态来，神气极了！（比喻式刻画细腻生动，拟人化描写形象可感。）

三、飞禽

鸽 子

★ 鸽子吃饱了，便展开双翅，飞上围杆，远远望去，像一个个色彩斑斓的小点。走近了，就会看见它们一个个昂首挺胸，威武极了！

★ 鸽子的耳朵非常小，而且被旁边的绒毛挡住了，所以看不到。鸽子的鼻子是白色的，好像西瓜子长在嘴巴的上面。

★ 鸽子走起路来，小脑袋一伸一缩的，东张西望，有时边走边叫："咕咕咕……"

精彩好段

【喂鸽子】我央求爸爸给我买了一包玉米粒来喂鸽子。我拿出几颗玉米粒轻轻地撒在地上，鸽子立即聚拢过来啄食。爸爸说："你把玉米粒放在手心，鸽子会飞到你的手上来吃。"我按照爸爸说的试着去做，果然有一只大胆的鸽子落到我的手腕上啄食我手心的玉米粒。它那尖尖的小嘴啄到我的手心，有点痒，很舒服。（动作描写。作者通过写喂鸽子这一举动，表达对鸽子的喜爱之情。）

麻　雀

★小麻雀可漂亮了，嫩黄的小尖嘴，雪亮乌黑的大眼睛，还披着件“花衣服”呢。

★小麻雀头上的棕色羽毛又短又密，毛茸茸的，像个小小的绒球。

★麻雀那玛瑙似的小眼睛，圆圆的像珍珠，机灵地探视四方，一旦发现危险情况，便会忽地飞起来，飞到别处去。

精彩好段

【雪中麻雀】圆圆的雪粒渐渐变成片片飞舞的雪花，在风中打着旋儿飞扬。几只麻雀叽叽喳喳，从西边低飞着掠过院子，落在东墙的一溜镂空花砖上。其时，那儿已经有好几只先到的麻雀，站在梅花状花砖的空隙中向院子里张望。（动作描写，写出麻雀在雪中飞翔的轻盈身姿。）

鹦　鹉

精彩好句

★小鹦鹉的叫声很好听，有时像小燕子，有时像麻雀，有时又像雏鹰，真是美妙极了。

★这两只鹦鹉模样相仿，羽毛呈黄、蓝、绿三种颜色，油亮亮的，就像是穿了一件丝绒小袄。

★ 这只小鹦鹉的羽毛可鲜艳了！头上的羽毛像深绿色的头巾，绣满黄色的花纹，翅膀上的羽毛是黄色的，身上的羽毛更是五彩斑斓。

精彩好段

【聪明的鹦鹉】它特别贪吃，所以我叫它“贪吃鬼”。记得有一次，我买了一包鸟食，往鸟笼里倒了一点儿。它见了，马上狼吞虎咽地吃了起来，不一会儿就吃光了，然后张开嘴巴继续要吃的。我瞧着它可怜的乞求样，又放了一些鸟食进去，它马上又旁若无人地猛吃起来。这次，它终于吃饱了，叽叽地叫着，在笼子里上下飞舞，好像在说：“小主人，谢谢你！”我满意地笑了。有时，它还很淘气，会用红色的小爪子钩在笼子上，身体倒挂在上面，好像在模仿蝙蝠，又好像在模仿运动员做体操。你看，它是多么有活力呀！（作者通过具体事例介绍了鹦鹉的聪明与淘气，让人忍俊不禁。）

燕　子

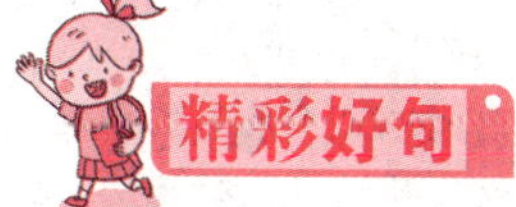

精彩好句

★ 燕子飞行的时候漂亮极了，那狭长的翅膀，分叉的尾巴，就像由高明的画家画出来似的。

★ 小燕子又黑又亮的羽毛像是抹了油，白肚皮就像是穿着一件白衬衣。

★ 春天到了，小燕子从遥远的南方飞回来。它飞进山谷里，落在一棵高大的树上，一边梳理蓬松的羽毛，一边叽叽喳喳地叫着。

精彩好段

【可爱的小燕子】春天来了，小草绿了，花儿开了，大地上一片生机勃勃，聪明伶俐的小燕子出来活动了。小燕子喜欢停在电线上，一双浅黄色的小爪子紧紧抓住电线。它背上的羽毛像黑色的西装，腹部的羽毛像雪白的衬衫。它小巧玲珑，一双灵活透亮的眼睛下面，长着一张又短又宽的小嘴。（借助比喻手法，表现了小燕子可爱的外形特征。）

猫头鹰

精彩好句

★猫头鹰灵活地转动着它那又圆又大的头，竖起耳朵，瞪着一对绿灯似的眼睛，敏锐地扫视着田野，活像一个勇敢的哨兵。

★猫头鹰灰褐色带黑斑纹的羽毛又密又轻，飞起来的时候，翅膀上的绒毛能把声音吸进去，所以它总是无声飞行。

★猫头鹰长着坚实锐利的喙和脚爪，这是它的捕食工具。它的喙像个钓鱼钩，四只脚爪像铁钩，能紧紧地抓住田鼠。

精彩好段

【“猫头鹰”名字的由来】猫头鹰耳朵上的翎毛非常威武，一双铜

铃般的眼睛怒视着前方，眼睛下面长着一张钩子般的嘴。它背上的羽毛像一个巨大的斗篷。它那尖利的爪子紧紧地抓着粗粗的树枝。猫头鹰的头很像猫的脑袋，所以被人们叫作“猫头鹰”。（作者通过介绍猫头鹰的长相，说明了猫头鹰名字的由来。）

啄木鸟

精彩好句

★它长长的舌头能伸出嘴外十四厘米呢！舌尖上能分泌出黏液来，并且还生有尖利的倒钩，连钩带粘，害虫就休想逃脱了！

★瞧，这只啄木鸟多漂亮，头圆圆的，嘴长长的，尾巴像把刷子，还穿了一身五颜六色的衣裳。

★啄木鸟的四趾与别的鸟儿不同，它是平均分配，前后各有两趾，而且每趾都有锐爪，能在树上垂直攀爬，就像我们走在平地上一样。

精彩好段

【啄木鸟的法宝】啄木鸟的足上有四个足趾，其中两个朝前，一个朝后，还有一个朝向另一侧。它的足趾上有尖利的爪子，使它能够牢牢地站在直直的树干上。它的尾部羽毛非常坚硬，可以支在树干上撑住自己的身体，使自己不至于掉下来。它的嘴又直又尖，能啄开坚硬的树干，然后用它那又长又软、带有成排倒须钩和黏液的舌头，自如地钩取树干中的昆虫。（作者通过对啄木鸟外形的描写，展现了啄木鸟给树治病的有利条件。）

四、走兽

老 虎

★ 啊！那只老虎真凶，前爪一只举起，一只按住巨石，昂首挺胸，威武极了。

★ 虎的眼睛非常特别，夜间能发出绿色的、刺眼的亮光，就好像是一对绿色的小灯笼。

★ 东北虎的头又大又圆，四肢粗壮有力，尾巴较长而且灵便。背部和体侧呈橙黄色，腹部呈白色，全身布满黑色横纹，颜色很漂亮。

精彩好段

【“大将军”东北虎】啊！雄壮威武的东北虎站起来了！只见它昂着头，张着血盆似的大嘴，打了个哈欠，吐出一条血红的舌头，舔了舔尖刀般的牙齿，翘了翘钢针似的白胡须，全身抖了两抖，然后迈开大步。你看，它全身金黄，还有一道道黑色的斑纹，一双绿眼睛里射出凶光，它大摇大摆地走来走去，可真像个威风凛凛的大将军。它身后拖着的那条尾巴不就是它的武器——钢鞭吗？（动作、神态描写，写出了东北虎摄人心魄的气势。）

狮　子

精彩好句

★ 雄狮体魄雄伟，大脑袋，阔嘴巴，脸上长着白色的长须，颈肩披着金色的鬣毛，后身呈金黄色，长尾巴上还配着毛球，真是仪表非凡，威风凛凛，一副王者的雄姿。

★ 只见铁笼子里有一头威武的雄狮，头上一簇簇乱麻似的长毛不住地抖动着，身后那钢鞭似的长尾巴不断地挥舞，好不威风！

★ 狮子的身体十分健壮，它的腿又直又粗，走起路来发出沉闷的“咚咚”声。它的眼睛细细的，但炯炯有神，并发出令人胆寒的光。

精彩好段

【可爱的小狮子】这只小狮子真讨人喜欢。它头上的毛一绺一绺的，像烫过似的；两只大耳朵耷拉着，像是在倾听周围的动静；一对黑溜溜的大眼睛，神采奕奕；嘴巴张得大大的，露出尖牙。（作者通过外形描写，写出了小狮子独有的天真可爱。）

大　象

精彩好句

★ 它长长的鼻子向上翘着，鼻子下面长着两根弯曲的象牙，四只像柱子般粗壮而有力的腿正支撑着一堵墙似的身体。

★ 大象的身体像一堵墙，腿像柱子，耳朵像蒲扇，长牙像玉石，看上去十分健壮。

★ 大象的耳朵像巨大的扇子，鼻子像一个滑梯，四条腿像矮矮的粗柱子，走起路来一摇一摆的，还不停地扇着耳朵呢。

精彩好段

【可爱的大象】大象真大呀！它有我们教室那么高，身体是土黄色的。它的四条腿非常粗，像柱子，身子像个面包车。它有长长的鼻子，像大蟒蛇，能抓食物，也能喷水，不像我的鼻子，只能流鼻涕。它有两根又长又弯又尖又白又大的牙，像小船，像弯月。它还有两只大大的耳朵，像铁扇公主的芭蕉扇。它的屁股上有条小尾巴，像辫子，更像苍蝇拍。（比喻手法。作者用充满童真的语言写出大象的外形特征，生动形象。）

猴 子

精彩好句

★ 眼镜猴的小脸庞上，长着一对圆溜溜的大眼睛，活像戴了一副大号的太阳镜，真不愧是名副其实的眼镜猴。

★ 猴子那小小的鼻子又塌又扁，而鼻孔却很大。鼻子下面有一张尖尖的大嘴巴，可爱极了！

★ 老猴子一身褐色的长毛，拖着一条长短适中的尾巴，走起路来显

得很稳重，像是一位经验丰富的老人。

精彩好段

【猴子“挑食”】猴子吃东西也够细心的，先是看看闻闻，见是花生、糖果，便掰开果壳、糖纸，津津有味地吃起来，边吃还边看四周的人，等待人们再次扔下食物。如果是饼干、面包一类的食物，它们只用一只手抓起来，便不假思索地往嘴里送。我问爸爸：“难道猴子也像人，会挑食吗？”爸爸说：“猴子可能是尝过，发现花生壳、糖纸不好吃，糖和花生仁好吃，才这样做的吧。吃的次数多了，就有经验了。”原来猴子吃东西还有不少学问呢！这时，我记起报纸上曾批评游客乱抛食物，导致猴子害肠胃病的事。我真希望大家都来保护猴子。否则，猴子闹起病来，大家心里多不好过啊！（动作描写，写出了猴子选择食物时的聪明。）

熊　猫

精彩好句

★ 它全身胖乎乎的，面孔上有一对乌黑发亮的眼睛，眼睛四周黑黑的，好像戴着一副黑色的眼镜，十分可爱。

★ 大熊猫那对黑黑的眼圈长在白白的脸上，像是戴着一副眼镜。它那笨拙的动作和走起路来东张西望的神情，真是可爱。

★ 大熊猫竖起它那圆圆的黑耳朵，像戴了一顶风雪帽，四肢穿着黑绒的大“皮靴”，肩上披着匀称的黑“披肩”，真是神气十足，令人瞩目。

精彩好段

【可爱的大熊猫】大熊猫胖胖的身子，像穿了一件黑白相间的外衣。它的耳朵是椭圆形的，黑黑的眼睛像戴了副大墨镜。它的鼻子像一块小蛋糕一样，上面有黑色的巧克力，下面有白色的奶油，看得我都想吃了。它小小的嘴好像与鼻子连了起来。它的四肢像带毛的小黑柱子。它的爪子可以轻易地把竹子抓到嘴里。它的尾巴像一个黑毛球，非常可爱。（比喻句的运用十分调皮，把熊猫的憨态可掬描写得淋漓尽致。）

五、昆虫

蝴　蝶

精彩好句

★ 小蝴蝶全身闪闪发光，翅膀上有两个小圈圈，红、黄、绿、紫、黑等颜色匀称地分布在翅膀上，就像是一朵五颜六色的花。

★ 只见花蝴蝶绿色的翅膀上点缀着黄色的小点，翅膀边缘镶了一道粉红色的花纹，两对翅膀像蒲扇似的扇个不停。

★ 一只五彩斑斓的花蝴蝶扇着两只大翅膀，忽上忽下地慢慢飞来。它先是落在花瓣上，然后从头下伸展开卷曲的吸管，吸取花蕊中的蜜汁。

精彩好段

【美丽的枯叶蝶】峨眉山上的二百五十多种蝴蝶中，枯叶蝶是最名贵的一种，也是我最喜欢的一种。枯叶蝶姿态奇丽，它身长三厘米左右，前翅正面是青绒般的黑底，上面点缀着几个白色小斑点，一条金黄色的曲边宽条横在前翅中间，如同佩上了一条绶带；双翅的外缘镶着波浪式的浓褐色花边，十分逗人喜爱。当它停歇在树枝上时，两翅竖立，收拢在一起，遮盖着身躯，展示出翅膀背面。这时，可见它周身呈古铜色，色泽和形态都酷似一片枯叶。一条黄褐色的条纹，纵贯前后翅中央，极像树叶的主脉，其他的翅脉又像是树叶其他的叶脉；翅上几个小黑点儿好似枯叶上的霉斑；后翅的末端拖着一条长“尾巴”，又像叶柄。我想，这就是枯叶蝶之所以得名的原因吧。（白描细致，有条理地对枯叶蝶的形态、翅膀做了具体而形象的描写。）

蜜　蜂

精彩好句

★ 蜜蜂的嗡鸣声，像乐队中的低音提琴涌起的音浪一样动人。

★ 在明媚的阳光下，一群忙碌的蜜蜂宛如金星飞溅，令人不能不驻足观看。

★ 这些蜜蜂从一朵花飞向另一朵花，忽上忽下，来回穿梭，“嘤嘤嗡嗡”不停地歌唱。

★ 一群群金色的蜜蜂，像一片片金色的云，铺天盖地地向百花盛开的草地扑去。

精彩好段

【蜜蜂的世界】蜜蜂喜欢过群居生活，而且还有严格的身份划分。例如，蜜蜂分为蜂王、工蜂等几个不同的阶层。其中蜂王地位最高。一个蜜蜂群体中，只有一个蜂王，它专门负责繁殖后代，因此食物也很特别。蜂王的食物为皇浆，也称蜂王浆。工蜂则注定一生下来就要工作，为蜜蜂王国所有成员提供足够的食物——花蜜和皇浆。（作者介绍了不同等级身份的蜜蜂在群体生活中不同的职责。）

蜻蜓

精彩好句

★ 蜻蜓像一架小飞机，可以自由地在空中飞来飞去，有时还能像直升机那样在空中停留不动。

★ 蜻蜓玻璃球似的眼睛发着蓝宝石一样的光。

★ 蜻蜓的脑袋圆圆的，上面长着一对突出的、绿宝石似的大眼睛和一张铁钳似的嘴巴。

精彩好段

【蜻蜓的样子】黄蜻蜓的身子在阳光下发出赤金一般的颜色。它们透明的翅膀在快速的振动中，看上去朦胧得像一片影子，一团雾气。蜻蜓的眼睛碧绿碧绿的，像两

颗亮晶晶的绿宝石。它的眼睛是由两万多只小眼睛组成的，一部分小眼睛看远处的物体，一部分小眼睛看近处的物体。它的尾巴像一根细木棍，尖尖的，直直的。它飞起来的时候就像一架黑色的小飞机在蓝蓝的天空中飞舞。（作者观察细致，描写了蜻蜓的外在特征，对蜻蜓的眼睛、翅膀、尾巴等的描述十分到位。）

蝉

精彩好句

★ 金蝉把它已经出壳的上半身腾空向后仰去，又敏捷地向前扑去，再用前足抓住蝉壳用力一抽，一个又白又嫩的蝉尾就出来了。

★ 太阳火辣辣地照着，大地上的一切都被晒得晕晕的，人也没了活力，连蝉都被晒得没了力气，断断续续地叫着，让人感觉更热了。

★ 蝉鸣不像蛙叫那样短促、跳跃，如声声鼓点，而是漫长、高亢、执着的，“嘶呀——嘶”，好像二胡。

精彩好段

【蜕皮的蝉】蝉一心往树上爬，爬得高高的，这样蜕皮时就不会被人抓到了。蝉使劲往高处爬，终于它累了，想歇一歇再走。它的背脊上裂开了一条缝，原来的皮慢慢地从它那新的青绿色的柔软的皮上脱落了，蝉还全然不知呢，它还沉浸在梦乡之中。（作者通过细致的观察，描述了蝉蜕皮时喜欢爬高、蜕皮时浑然不知等特点。）

萤火虫

精彩好句

★夏天的夜晚，树荫下，草丛中，一只只萤火虫带着黄绿色的闪光，飞来飞去，犹如一个个天然的小灯笼。

★在苍茫漆黑的夜色里，一只只萤火虫飞来飞去，给静谧的夜增添了几分灵动与生机，像夜的衣服上点缀的一颗颗宝石。

★黑夜里，萤火虫像小灯笼一样飘来飘去，慢慢悠悠地安静地飞，似乎在寻找白天遗失的梦。

★空场上，像火星似的纷纷扬扬飞着的点点流萤，曾经引起我多少童心的好奇、欢乐和陶醉啊！

★萤火虫的发光，是荧光素在催化下发生的一连串复杂的生化反应，而光则是在这个过程中释放出来的能量。

精彩好段

【夜遇萤火虫】在迷茫的夜色中，一切彩色都失去了，有的只是黑黝黝的一片。突然，有亮光飘忽地穿来穿去，一个亮点儿熄灭了，又有一个飞了过来。原来，是萤火虫。萤火虫很少飞近我们家，今晚遇到，真让人惊喜。草丛里飞舞着蓝莹莹的萤火虫，像是从天上落下的点点繁星。那亮点儿投向水，水中便也闪动着小小的亮点儿，牵动着两岸草木的倒影。（作者通过细致的观察，赞美了萤火虫在黑黝黝的夜晚发光的美丽景象。）

六、其他

鱼　虾

精彩好句

★这条鱼的肚子鼓得大大的，尾巴像一把大葵扇，两旁荷叶样的鳍不停地扇动，在水中慢慢地游着。

★如果它们肚子饿了，就会在鱼缸里一动不动地“装死”，但只要你打开鱼缸的盖子，它们就会争先恐后地游上来。

★群虾乱舞，有的嬉戏打闹，有的交头接耳，中间那几只还挤在一起，煞是热闹。

★这只虾有六条腿，红红的身子足有三四寸长，它那两只大夹子，挥动起来真的是张牙舞爪，看起来挺威风的。

精彩好段

【金鱼】当我给金鱼喂食时，它们有的眼睛一直盯着食物，有的不顾一切地冲过去一口将食物吞进肚子里，还有的把食物吞进去又吐出来，好像根本不是吃，而是在玩。吃饱了，它们在各自的小天地里快活地游来游去，圆圆的小嘴时不时地吐出一串串泡泡，看上去自在极了！等吃饱了玩够了，它们就一动不动地浮在鱼缸里睡着了。它们睡觉可不像我们闭着眼，它们是睁着眼睡的，

因为鱼没有眼睑。（作者通过描写金鱼吃食的过程，刻画了金鱼悠闲自得、无忧无虑的生活。）

【淘气的小虾】那虾确实好看，青白色半透明的身子在水里飞窜，无数对小爪划动着；两只黑豆眼瞪得格外醒目；一节节甲壳似坦克履带一样排列。小虾在缸里十分自在。它们有时独自游来荡去，有时互相追逐，有时紧贴住缸壁。要是你用小竹枝去动正在休息的小虾，它会立即向别的安静的角落游去，一路上像生了气似的，不停地舞动着前面那双细长的脚，脚末端那副钳子一张一张的，胡须也一翘一翘地挥舞着，连眼珠子也一突一突的。这时如果碰到闲游的同伴，它们就会打起来。（作者细致地描写了小虾的神态及动作，记录了小虾淘气活泼的样子。）

青　蛙

★ 青蛙的身体胖胖的，有的足有七八厘米长。它们的头又宽又扁，呈三角形，头上鼓着一双圆溜溜的大眼睛，长着大嘴巴、小鼻子。

★ 青蛙挺爱美的，喜欢穿一件黄绿色带有黑斑的外衣，还围着乳白色或微红色的小肚兜。

★ 青蛙的肚子不停地一鼓一瘪的，好像刚跑了很远的路，还在喘气似的。

精彩好段

【青蛙】我蹲在棉田边，仔细观察着那只青蛙的动向。它东张西望，

忽然，眼睛死死地盯着左侧。我顺着它的目光望去，只见一只棉铃虫在懒洋洋地爬着。这时，青蛙一边目不转睛地盯着虫子，一边小心地向着那棵棉秆移动。棉铃虫见势不妙，拼命向上爬。没等它爬几步，就见那只青蛙闪电般地扑了上去。还没等我看清，那只棉铃虫已被青蛙当作美味吞下去了。（作者通过写青蛙吃棉铃虫的过程，展现了青蛙吃害虫时专注的神情和迅疾的速度。）

螃蟹

精彩好句

★ 螃蟹挥舞着肥大的螯，鼓凸着两颗黑眼睛，八只脚横着行走，活像个蛮不讲理的霸主。

★ 螃蟹前面那两个大夹子可真厉害，张开就像两把老虎钳子，“钳口”上下各长着一排又小又尖的像狗牙一样的小齿儿，大夹子上面还披着黑乎乎的毛呢！

★ 螃蟹穿着一身硬邦邦的“铠甲”，“铠甲”的中央有几条几乎看不清的白色花纹，我凑近一看，哈，活像是一位老翁慈祥和蔼的面容。

精彩好段

【螃蟹的“武器”】螃蟹有八条腿，它的爪很细、很尖，爪上还长着一些细毛毛。它是横着走路的，怪不得它在水里“横行霸道”呢！它走起路来，八条腿灵活地抬起、落下，沙沙地响。

嘿，螃蟹夹子上面还有密密麻麻的小红点儿。夹子分两节，第一节是光滑的，第二节长着一对大夹子。夹子张开时像两把带齿的大钳子。可能它的肉都长在夹子里吧，每个夹子好像比它的身体还重。（作者通过细致的观察，描写了螃蟹的走姿和钳子。）

乌龟

精彩好句

★小乌龟非常可爱，头是三角形的，小尾巴又短又细，头和尾巴都是黄褐色的，腿嫩红嫩红的，像穿了红水靴。

★小乌龟把脖子和脑袋都缩进硬壳里，四只脚一伸一伸的，像是在做广播体操。

★平时，小乌龟静静地趴在水里，把头伸出水面，一动不动，显得很文静。

精彩好段

【乌龟】它有一个三角形的头，头上有许多不同颜色的条纹，非常好看。那小而有神的眼睛出奇地亮，像一颗夜明珠；“夜明珠”下面有两个鼻孔，这两个鼻孔又小又圆，好像是用针扎出来的针孔似的；“针孔”下面有张大大的嘴巴，嘴巴紧闭的时候，就像一条细缝。它身上穿的那副铠甲由许多六角形组成，

异常地硬，好像用再锋利的宝剑也刺不进去似的。它有四条腿，每条腿上都有三个尖尖的锋利的刺。它的身子后面还有一条短短的可爱的尾巴。（作者通过细致的观察，写出了乌龟头小、壳厚等外形特征。）

植　物

一、花草

荷　花

精彩好句

★静静的湖面上布满了碧翠欲滴的荷叶，像是插满了密密麻麻的伞似的，把湖面盖得严严实实。

★荷花的根是莲藕。莲藕鲜嫩可口，可以生吃，可以炒着吃，还可以放米放糖，做成糯米藕吃。看来荷花全身都是宝。

★那片片荷叶，像撑开的一把把绿伞，有的轻浮于湖面，有的亭亭玉立在碧波之上，似层层绿浪，如片片翠玉。

精彩好段

【荷叶与荷花】荷塘里有许多的品种，如著名的睡莲、中国莲、大王莲、香水莲，它们有的在沉睡；有的为水里的小鱼遮挡阳光，不时有几十只蜻蜓在上面停留。当我看到这样的情景时，不禁想起古代诗人杨

万里的“小荷才露尖尖角，早有蜻蜓立上头”。爸爸说：“花虽好，也要绿叶扶持。”说的对极了！看，池中那一朵朵又大又红的荷花，四周不是有荷叶围绕吗？（作者介绍了荷花的品种和姿态，并用爸爸的话引出了深刻的道理。）

菊　花

★ 菊花正傲然怒放，东边的白如雪，西边的黄如金，阳光之下，黄白相映，分外清新。

★ 一朵朵橘黄的万寿菊开得正艳，你看它们你不让我，我不让你，在晨风中努力舒展着筋骨。

★ 盛开的菊花，五颜六色，千姿百态，就像节日的礼花。有的花瓣向四周伸展开来；有的花瓣又细又长，直往下落。

精彩好段

【我喜欢菊花】那层层叠叠的“金绣球”，茎粗壮挺直，叶子肥大稠密。花瓣一层包着一层，一瓣贴着一瓣，有秩序地排列着，犹如一个金黄色的线团。里面娇小可爱的花蕊紧紧地拥在一起，像一个害羞的少女，正在偷偷打量这个似曾相识的世界呢！（作者将比喻、拟人的修辞手法结合起来，运用得很贴切，对花蕊的描写栩栩如生，非常精彩。）

牡丹

精彩好句

★ 朵朵艳丽的牡丹在春风的吹动下，摇动着自己美丽的身躯，多像一个个害羞的小姑娘在翩翩起舞呀！

★ 牡丹花富丽华贵，雍容典雅，千百年来，一直被人们推崇为花中的极品，备受人们喜爱。

★ 五月初夏，各色牡丹鲜艳富丽，红色似火球，白色似玉盘，黄色似金碗，绿色似碧冠。

★ 鲜红的牡丹花瓣重重叠叠地足有七八层，被苍绿的叶子映着，好像一团团温暖的火。

★ 细雨如丝，牡丹贪婪地吮吸着春雨的甘露，舒展开碧绿的枝叶，好像在向人们点头微笑。

★ 从未见过如此纯白的牡丹：远望，飘飘兮，若漫步于月宫的嫦娥；近看，翩翩兮，若漫步于湖边的西子。

精彩好段

【美丽的牡丹】牡丹的主干可达三米，枝叶特别茂盛。它的叶子又扁又短，绿得好像就要滴下来似的。每年到了四月份，牡丹就大放异彩。各色的牡丹花朵硕大，花瓣肥厚，花蕊也非常多。有红色的、黄色的、白色的、粉色的……红的似火，黄的似金，粉的似霞，白的似玉…… （作者详细地介绍了牡丹的外形特点。）

水 仙

精彩好句

★ 水仙花像一位仙子，亭亭玉立地站在清澈的水中，当微风轻轻吹来时，它便摆动起柔美的身躯，轻轻地跳起迷人的舞蹈。

★ 你瞧那盆水仙花，花盆里的水清亮亮的，叶子绿莹莹的，花儿白生生的，恰似凌波仙子在水上飘摇。

★ 看着水仙花秀美的神态，闻着那令人愉悦的清香，我也好想做一朵水仙花，为人们带来快乐。

精彩好段

【水仙花】也许是在不经意间，水仙花的花苞悄然绽放了，一朵、两朵……像害羞的小姑娘一样展开了笑脸，吐露出芬芳。笔直的茎上面绽开了白色的小花，冰清玉洁，凌波傲立，一尘不染。水仙花香更是独具神韵，幽雅的芳香沁人心脾，盈室绕怀，倍添春意。（作者运用优美的语言，将水仙花淡雅的气质与幽雅的芳香写得十分细致，浓郁的清新感扑面而来。）

月　季

精彩好句

★月季花的茎只有小拇指粗细，越往上就越细，刚长出的茎是嫩黄色的，慢慢地变成浅绿色，最后就成了墨绿色的了。

★盛开的月季，千姿百态，各自吐着芳香，有的浓郁似蜂蜜，有的淡雅似茶香，满院都飘着它们的香气。

★那月季花有的抖开一条粉色的舞裙，翩翩起舞，像欢迎贵宾；有的穿着洁白的浴衣，像刚出浴的美人，鲜亮迷人。

精彩好段

【月季花开】早晨，我忽然发现月季茎上绽出四个小小的花蕾，花蕾穿着一件绿色的外衣。又过了几天，花蕾顶破了外衣，露出粉红的花瓣。一开始，由最外层的花瓣向外伸展，而里面的几层花瓣还紧紧地合拢在一起。渐渐地，层层舒展，整朵月季花终于绽开了。花是粉红色的，像一个穿着粉红色衣裙的少女。（作者观察细致，详细地介绍了月季花开的过程。）

梅　花

精彩好句

★在百花凋谢之时，唯有梅花生机勃勃，迎着漫天飞舞的雪花，傲

然挺立在凛冽的寒风中，开得那么鲜丽，股股清香，沁人心脾。

★ 大雪纷飞，梅花绽开笑脸，凌寒怒放，倾吐幽香，为冬天增添了亮丽的色彩。

★ 梅花有五片花瓣，有单瓣的，也有双瓣的。它的花蕊是一丝一丝的，上面有一个比芝麻还小的小点儿，像一顶小帽子。

★ 凑近一瞧，是红中带白、白里透红的梅花：白的如同玉石一般，润泽透明，玉洁冰清；红的如同胭脂一般，红白相间，分外俏丽。

精彩好段

【傲雪寒梅】梅花是冬天最后仅存的花朵，还是春天最早开放的鲜花？当积雪压断枝头的时候，百花凋谢，梅花踏着风雪来了。而当冬去春来，万物苏醒，百花满园的时候，梅花又独自先去。是追踪风雪而去，还是把它引来的春天留在人间？（作者反复使用问句，增强气势。）

小草

精彩好句

★ 悬崖上那一堆堆红艳艳的小草，简直像满山杜鹃。

★ 小草用自己星星点点的绿色，织成了一块块绿茵茵的地毯。

★ 小草悄悄地绿了整个山野，为故乡编织着春天的衣裳。

★ 茸茸的绿草随着地形的起伏连绵直达天际，像是给大地铺上了一层厚厚的地毯。

精彩好段

【小草】小草虽然娇小，却有一种无与伦比的神奇力量和顽强的生命力。它不像玫瑰花一样娇生惯养，也不像四邻的杨、柳一样贪图热闹，它只是在那儿过着自己的生活，与春天紧紧握手，与同伴亲切交谈。它真诚、纯朴，从不像桃树一样动不动就使性子，它只是顽强地生长，从不需要人们的伺候、抚慰。（作者通过对比，写出了小草谦虚坚韧、低调纯朴的特点。）

二、树木

松 树

精彩好句

★ 森林中最高、最有豪迈气魄的就是那苍翠挺拔的青松，一棵棵高达十几米的松树，树干粗得一个人都抱不过来。

★ 松树的叶子像针一样，一簇簇向外生长着，每一根都尖锐有力，好像有一种精神支撑着它们。

★ 松树褐色的树干足有碗口粗，笔直笔直的。满树的松叶像一把张开的绿绒大伞，风一吹，轻轻摇曳。

★ 这些古松无不蓊郁苍翠，铁干虬枝，各尽其态，表现出鲜明的个性和独特的风采。

精彩好段

【雪松】百花已经凋谢，草已经冬眠，许多树木的叶子已经落光了，只剩下孤零零的几片，好像在等待冬天里的第一场寒风，感受它的特别。但你看，雪松却像哨兵似的，腰板挺直，任凭风吹雨打，都不能使它折服。下雪了，大地银装素裹，雪松身上积满了雪，但这并没有压倒它。你若拍打它身上的雪，就会发现它的枝条是那样富有弹性，像是在告诉你："请别动我，我是在吸收营养。"它是多么顽强！（作者采用拟人手法，形象地刻画了松树顽强不屈的高贵品质。）

杨　树

精彩好句

★细雨如丝，老杨树尽情地吮吸着春天的甘露，光秃秃的枝头吐出了密密麻麻的新芽。

★钻天杨的生命力旺盛，它不嫌黄土高原贫瘠，不畏西北风雪严寒，主干挺直，枝枝相抱，团结向上。

★这条小路的两旁种着几排茁壮、挺拔的小杨树，它们一个个昂首挺胸，就像威武的战士，整整齐齐地守卫在路旁。

精彩好段

【白杨树】宽阔的马路两旁挺立着两排高大笔直的白杨，枝枝向上，叶叶葱郁，仿佛等待检阅的士兵。它们不屈不挠、力争上游的精神，驱尽了我的烦躁，给我鼓舞，使我振奋。秋天，树叶黄了，片片枯叶像蝴蝶似的，轻轻飘落，偶尔还可在车里发现它们的踪迹。这片片落叶是秋的馈赠，它们虽然有时不免引起我的一丝怅惘，但更多的是使我对韶华更加珍惜。（作者对白杨进行拟人化描写，表达了对白杨的赞美之情。）

榕　树

精彩好句

★ 老榕树的绿叶铺天盖地，像是从空中飘下的绿色的云雾。走进这云雾，空气特别清凉芬芳，沁人心脾。

★ 榕树树冠一团团，一片片，像左盘右旋的绿色巨龙盘卧在大地上。

★ 这棵大榕树的气根从两丈多高的树干上垂下来，扎到地下，三五十根粗细不等，像一架巨大的竖琴。

★ 老榕树垂下一蓬蓬茂密的胡须，像是几位龙钟老人懒洋洋地挤在一起打盹儿。

精彩好段

【榕树的四季】春天，榕树树梢布满了翠绿的嫩芽，为我们遮挡雨水。夏天，密密的树叶

为我们挡住了猛烈的阳光，让我们感到格外凉爽、舒服，可以在操场上玩得更开心。秋天，树上布满了星星点点的像珍珠一样的白色的或白里透红的圆圆的果实，很快，它们就会变成黄色或淡红色。冬天，地上布满了灰红色的果实，黄色的树叶随着寒风飘落下来，树上不畏严寒的浓密的绿叶又预示着春天即将来临。（作者运用排比收尾，展现了榕树四季生长的状态。）

三、瓜果

★ 淡绿的瓜皮上，还有翠绿的条纹，远远看去就像晶莹透亮的宝石。

★ 鲜红的瓜瓤里，那一个个小黑子东一个，西一个，像一个个害羞的小姑娘躲在瓜瓤里面不愿出来。

★ 西瓜藤就这样铺在地面上，碧绿欲滴，一个个毛茸茸的瓜儿躺在藤蔓中，像熟睡在母亲怀中的婴儿一般，煞是可爱。

★ 翠绿色的瓜蔓一个劲儿地往四周伸展，像有使不完的劲儿，手掌般的瓜叶间，一朵朵金黄色的花像奏着乐曲的小喇叭。

精彩好段

【大西瓜】西瓜的形状是椭圆形的，比皮球大一些，外面的颜色是深绿和浅绿，里面有暗色的花纹，像水草般，美丽极了。

西瓜的尾部还有像猪尾巴似的藤。切开后，可见鲜红的果肉，还有一些星星点点的瓜子，红果肉的旁边有大约一厘米的白果肉隔开西瓜皮。（比喻生动，语言形象，一个大西瓜的样子出现在读者眼前。）

苹　果

精彩好句

★ 苹果红润润、水灵灵的，容光焕发，看一眼，就会口水直涌，咬一口，顿觉香汁横溢。

★ 夏天，苹果树葱郁的绿叶闪闪发亮，密密层层，一个个小苹果像翡翠镶嵌在绿叶下边。

★ 有的苹果藏在密密的叶子里，像小姑娘那样，红脸蛋儿上搽了一层胭脂。

精彩好段

【苹果】这是一个普普通通的苹果。它一面是红色，红里透黄；一面是黄色，黄里带红。它黄色的皮肤上，有几个大小不一、星星点点的“雀斑”；红彤彤的脸庞上，有一条长约三厘米的疤痕，加上一处深红色的被摔坏的地方，大煞风景。短短的柄藏在苹果上方凹进去的地方，好像陷进泥潭中的可怜人儿，又像是羞羞答答、不愿见人的少女。（作者运用拟人的手法，将一个品相不佳的苹果描写得楚楚动人。）

橘　子

★有的熟透了，外皮颜色呈现出黄澄澄的；有的是黄中带绿；而有的还是青绿色的。它们摸上去麻麻的，形状是椭圆形的，非常惹人喜爱。

★金黄的橘子像一盏盏可爱的灯笼，风一吹，就向人们点头问好。

★绿叶间探头探脑的橘子有青有黄，剥开薄薄的橘皮，吃上一个，酸中有甜，让人吃了还想吃。

精彩好段

【家乡的红橘】家乡的红橘呈圆形，活像一个大红灯笼，又像姑娘穿的大红袍，所以，它有一个很好听的名字——“大红袍”。红橘皮薄、汁多、味甜，吃的时候只要轻轻剥开橘皮，撕掉白色的橘络，取出一瓣，轻轻放进嘴里，甜丝丝的汁液就会溢满整个口腔，甜到心里。（作者充分调动多种感官，写出了红橘的外形及味道。）

石　榴

★每逢深秋，这树上的石榴全部咧开了嘴，真好像是一朵朵盛开的鲜花。

★初夏，石榴开花了，远远望去，像是燃烧着的熊熊烈火，又像是

绚丽的晚霞。

★ 摘下一个石榴，剥开它那苍老的皮，里面却截然不同：一颗颗石榴如珍珠，似玛瑙，晶莹剔透。

精彩好段

【吃石榴】当你轻轻地剥开它的外皮时，眼前的情形会让你大吃一惊——里面挨挨挤挤的“红娃娃”争先恐后地想蹦出来向你报到。它们个个晶莹剔透，像稀有的红宝石，又像珍贵的红玛瑙，散发着迷人的香气。也有一些石榴子是淡淡的肉色，微微的黄色边上镶着一圈红色，这两种色彩搭配得美妙绝伦。当你拿起一粒把它放在太阳下眯起眼睛去看它时，你会隐隐约约地看到石榴子里的小种子。我把它放到鼻子下边，可以闻到它淡淡的香气。我再也禁不住这诱惑了，抓起几粒放入口中。只听“咔嚓”一声，原本鼓鼓囊囊的石榴子一下子蔫了，香甜可口的汁水立刻渗了出来，进入你的五脏六腑，那甜滋滋的味道还会久久地留在口中，令人回味无穷。（作者观察很仔细，比喻也很生动形象，对石榴滋味的描写让人垂涎欲滴。）

桃

精彩好句

★ 河岸桃树上的蜜桃熟了，把枝条压得弯弯的，垂向河面，像是要照照搽了胭脂的脸。

★ 一排排矮矮的桃树上，绿叶间挂满了扁扁的桃子，像夏夜的星星一样多。

★ 吃桃子的时候要先洗掉外皮的毛毛，然后放进嘴里轻轻一咬，舌头上就会沾满了甜津津的桃汁，吃完一口还想再吃第二口。

精彩好段

【一只水蜜桃】我仔细地端详这只水蜜桃。只见它套着一件白中透红的衬衫，顶端有两片翠绿的叶子，像系了一个美丽的蝴蝶结，活像一个漂亮的小精灵。我爱不释手地摸了摸水蜜桃，感觉它的表面有一层细细的茸毛，就像刚破壳而出的小鸭身上的毛，很舒服。水蜜桃的皮薄薄的，仿佛透明似的。（作者详细地描写了水蜜桃的形状、触感等。）

梨

精彩好句

★ 熟透了的梨子，有的像小黄灯笼，有的像灯泡挂满枝头，和那茂密的绿叶组成了一把小花伞，真惹人喜爱啊！

★ 秋天，硕大的梨子挂满枝头，压弯了树枝，像捉迷藏的孩子露出了笑脸。

★ 梨的皮很薄，汁水非常多，口感也很好。我吃着自己亲手摘的梨，觉得格外香甜！

精彩好段

【梨花开了】走进梨树林，只见枝头上一丛丛一簇簇，满眼都是雪白雪白的梨花。有的已经完全开放，洁白的花瓣围着紫红粉嫩的花蕊。有的刚刚鼓出花苞，绿茸茸的花萼托着银星点点的花蕾。走近观察，雪白的梨花，那么纯洁，又那么娇丽，那嫩黄色的芽儿，在春风中微微地婆娑着。那一簇簇花朵就在这叶芽中间绽开，嫩黄衬托着雪白，是那样醒目又那样协调。这是一种多么奇妙的风景呀！怎能不让人神驰，怎能不让人心动，又怎么能不让人流连忘返？（作者观察仔细，描写生动，笔下梨花盛开的梨园让人神往。）

四、蔬菜

白　菜

精彩好句

★ 那片大白菜的叶子还真像诸葛亮的羽毛扇呢！

★ 当我扒到菜心时，叶子的形状就完全变了——皱巴巴、脆生生、黄灿灿的了，当然啦，也是最好吃的地方了。

★ 过了一两天，我又去查看那棵白菜，发现那个鼓包裂开了，从里面长出来一棵浅绿色的小嫩芽，它的根部像小拇指一样粗。

★ 又过了一两天，我发现嫩芽长高了，还长出两三片小嫩叶，它的根也长粗了。

精彩好段

【秋天的白菜地】白菜在我们的期待与体贴中健康成长，不紧不慢，不急不躁，慢慢走向成熟。入了秋，我们放倒了高粱、玉米，收完了棉花、谷子，原野变得空旷起来。北雁南飞，在大地上倒映出一道道诗行。野麻雀飞得极高，鸣叫声委婉悦耳，是原野中最美妙的音乐。棵棵白菜成了大地上一道独特的风景。绿的、白的，两种亘古不变的颜色，衬出了原野、村庄、农人引以为豪的表情。（白菜、原野、野麻雀，构成一幅恬淡宁静的秋景图。）

辣　椒

精彩好句

★辣椒的外皮刚开始是绿色的，然后逐渐变得绿中带紫，紫中又渐渐变红，最后变成一片火红。

★辣椒每天都要长几毫米。过了七八天，辣椒长大了，一个个圆鼓鼓的，碧绿碧绿的，在阳光的照耀下闪闪发亮，使人看了真馋！

★辣椒的形状各种各样，有的圆圆鼓鼓的像个柿子，有的又长又尖像把利剑，有的弯弯的像把镰刀，还有的……

精彩好段

【辣椒】辣椒的形状十分好看。辣椒的秆不粗，但枝干纵横，叶子把枝干全遮挡住了。叶子呈椭圆形，翠绿翠绿的，在它的中心，一条条

青筋向两边伸出，像小扇子的花纹，漂亮极了。深春时，红白的小花开满枝头。夏天，辣椒基本成形。它们有的像歪嘴的毛笔，尾巴不是左撇就是右歪，头上还戴着一顶小绿帽；有的肚子鼓鼓的，像调皮的孩子刚吃完偷来的果实；有的小巧玲珑，像纤细的手指，惹人喜爱，那就是著名的小米椒。辣椒和人一样，有的亲如一家；有的孤苦伶仃；有的傲慢无比，让自己倒着长；有的横行霸道，一个人要占好几人的位子。辣椒们一打起架来脸就发红，谁能坚持到最后谁就是冠军。（作者采用排比、拟人等修辞手法，将长在辣椒秧上的辣椒描写得栩栩如生。）

黄瓜

精彩好句

★ 黄瓜刚出土时，和豆芽一样，有两个瓣。过不了几天，从两瓣之间长出了嫩叶，接着蔓也慢慢长出来了，而且越来越长。

★ 我把黄瓜放进嘴里，轻轻地咬了一口，慢慢地嚼了嚼，脆脆的、甜甜的，还有一股浓浓的涩涩的味道，吃起来真爽啊！

★ 过了两天，小黄瓜就长大了，个个粗细均匀，长有 10 厘米左右，直径在 3 ～ 5 厘米之间，身上的刺顶都带着小黑点呢。

★ 黄瓜外形是月牙形，颜色是深绿色的，上面布满了疙疙瘩瘩的刺，但不扎手。

精彩好段

【黄瓜】黄瓜皮是深绿色的。刚摘下来的嫩黄瓜，头上戴着朵小黄花，十分好看。它的身上长着许多小刺，仔细看，那些小刺排列得还挺

有规律——越靠把儿越疏，越靠头儿越密，一行行，一列列，密密麻麻的，摸一摸，还挺扎手。这刺儿也许是黄瓜保护自己的法宝吧！远远看去，整个黄瓜像是一个头戴小黄帽、身穿绿旗袍的小姑娘。（作者运用比喻和拟人手法，细致地描绘了黄瓜的外形。）

番 茄

精彩好句

★ 刚刚结出的西红柿，碧绿碧绿的，很像绿色的玛瑙。

★ 一只只淡红色的西红柿挂在人字棚架上，像一盏盏彩灯。

★ 灯笼般的西红柿有着如同婴孩般红扑扑的可爱笑脸，透着红宝石般诱人的光泽。

★ 未成熟的西红柿呈青绿色，成熟后的色彩非常鲜艳，有的鲜红，有的橘黄，有的淡红，样子很讨人喜欢。

精彩好段

【我喜欢西红柿】西红柿的颜色非常鲜艳，它成长的不同阶段会呈现出不同的色彩。它先是碧绿的，随后变成淡红色，最后就完全变成红彤彤的了。你用小刀轻轻切开一个熟透了的西红柿，就会看到鲜红的果肉；只要你用舌头一舔，那鲜红的果汁便会染红你的舌头，那滑溜溜的小果籽也会趁机溜进你的嘴里，滑进你的喉咙。生的西红柿又硬又酸，不好吃；熟透

了的西红柿甜津津的，可好吃了。（作者运用拟人的修辞手法，赋予西红柿生气，语言活泼。）

莲 藕

精彩好句

★藕可以生吃，把它切成片，放在嘴里一嚼，清甜爽口的汁水便顺着舌头往下淌，顿时让人觉得清凉止渴。

★藕是一节一节的，掰开一看，许多小孔均匀地排列着，看上去好像蜂巢。

★藕的切口有着缕缕藕丝，像蚕吐出的银丝一样，这使我不禁想起了“藕断丝连”这个成语。

精彩好段

【莲藕】莲藕中间粗壮，两头细长，一节连着一节，像火车，也像双节棍，还像一群手拉着手的胖娃娃，更像一串水灵的冰糖葫芦。刚挖出来的莲藕脏兮兮的，全身都是黑泥巴，难看极了。把莲藕清洗干净后，它恢复了本来的面目，真是“出淤泥而不染”呀！削开莲藕的外皮，就会看到白色的、水灵灵的果肉；再一切就会有一些小洞洞，像蜂窝，像礼炮发射孔，像花瓣，像水管……要是你仔细地看，就会发现莲藕分开的时候，有一些丝跟莲藕连在一起，这些细小的丝像电影里蜘蛛侠吐出的丝，也像老爷爷的胡须，还像妈妈的缝衣线。这就是“藕断丝连”呀！太神奇了！（作者对莲藕根茎的观察很细致，想象力也很丰富。）

生 活

一、交通工具

★ 我有辆小巧玲珑的自行车，它像一个俊俏的小姑娘穿着一件红色的连衣裙，可爱极了。

★ 折叠自行车用了升降手闸，使得整车轴心向上提升，收拢成超小体积的轴心型便携式折叠车。

★ 自行车的龙头上系着一个小巧的铃铛，只要摇动自行车，那铃铛便丁零当啷地响个不停，清脆动听。

精彩好段

【旧自行车】这是一辆破旧的“永久”牌自行车。它的电镀部分早已失去了光泽，车身上的漆皮已失去了本色，那两块挡泥板上也长满了蚕豆大的锈斑。车铃、锁、后座、车闸都失去了它们应有的作用。骑起来除了铃不响，所有的零件都吱呀吱呀地奏出独特的进行曲。又因为它又高又大，所以大家都称它“老坦克”。尽管如此，我还是十分喜爱它，因为它默默地陪伴了我六年。（作者对陪伴了自己六年的自行车的各个部位进行了详细的描写，自行车虽然破旧，作者却十分喜爱它。）

火　车

★ 火车挂着一节节绿色的车厢，好长好长，就像一条绿色的长龙卧在铁轨上。

★ 火车头呼哧呼哧地喘着粗气，像一头疲惫不堪的老牛，拖着十几节车厢，穿行在华北平原上。

★ 列车出了站，像一条飞快的铁龙，一边叫，一边迎着大风直朝前头冲去。

★ 火车越来越快，简直像要飞起来一样，路两边的景物，像流星似的往后飞逝，使人目不暇接。

★ 火车头愤怒地吐着发亮的火星，沉重地喘着气，冲破黑暗，沿着铁路驶向夜色苍茫的远方。

精彩好段

【列车的变化】十年的发展与变化实在太大了。乘车时间就由以前的一夜半天缩短为八小时到达，前前后后节省了不少时间，更方便了旅客出行。不止这些，连车上的环境也改善了许多。车厢宽敞整洁，再不是从前那般拥挤的模样了。我和家人按照号位，相继坐了下来，而我恰巧坐在靠窗的位置。（作者通过对比表现出十年来火车的发展变化。）

飞 机

精彩好句

★停机坪上，一架架飞机在阳光下银光闪烁，像搭在弓弦上的箭，随时会射向天空。

★流线型的机身，透露出冷冽的只属于机械的冰冷感，让人不由得感叹。

★飞机迅速地滑出跑道，犹如一只掠过海面的鸥鸟，冲向蓝天。

★飞机飞得那么平稳，那么自在，就像一只平伸着翅膀的老鹰在蓝天上飞翔。

精彩好段

【飞机上的景象】飞机在云层上翱翔，纯净的天空蓝蓝的，一尘不染。白茫茫的云海一望无际，我们乘坐的白色大鸟，仿佛将我们驮上了美丽的天堂。看啊，云朵上开满了一池池莲花，还有成群的羔羊，成群的骏马，有山川，有河流，有天兵天将，有神龙俯瞰人间——太阳西沉，黄昏将至，蓝天云海在夕阳中交融，天边出现了一幅壮观而旖旎的风景画，一会儿是七色彩虹，一会儿是水墨菩提，一会儿是万马奔腾，一会儿又是小桥、流水、人家。（作者采用排比、

比喻等手法，加以充分的想象，展现了一幅生动的空中云海图。）

轮　船

精彩好句

★ 一进港湾，只见那些高大的轮船像一片楼房一样，整齐地排列着，高耸的烟囱插入夜空。

★ 汽笛发出雄壮的吼声，轮船像一匹钢铁骏马，劈波斩浪，向远方冲去。

★ 一艘巨轮迎着朝阳，乘风破浪向着远方驶去。

★ 那艘客轮灯火辉煌，层次分明，宛如一座海上城市。

精彩好段

【海上巨轮】浪涛滚滚，具有无限威力的海洋，发出澎湃空泛的号啸，冲激着八面船舷。这时，万吨巨轮像是在一望无际的草地上滚着的大木球。（作者从远观的角度，展现了浩瀚海洋上的万吨巨轮也只是一个木球大小。）

汽　车

精彩好句

★ 只见一辆黑色的外形像乌龟的小轿车嗖地从他身边急驰而去。

★ 汽车飞驰着，发动机的嗡嗡声时而低沉，时而高亢，像一阵阵经

久不息、连绵不断的呻吟。

★ 轿车猛地刹住，车身剧烈地摇晃着，车轮与柏油路面剧烈摩擦，发出一阵刺耳的、像被困的野兽那样的尖叫。

精彩好段

【载重车】远处传来一阵轰隆隆的响声，声音由远而近。我顺着声音的方向朝窗外望去，只见一辆载重汽车装着沉重的钢条，从远处缓缓驶来。那辆汽车整个车身有三十米长，好像一列火车似的。那又大又厚的车轮子，整齐地排在车身下，看上去约莫有八十多个，好像要把整个马路覆盖上似的；那轰隆隆的闷雷声，仿佛要把房屋震塌一般。（作者通过对声音、轮胎的描写，把负重的载重汽车勾勒得很形象。）

二、家庭用具

电视机

精彩好句

★ 从那小小的屏幕上，电视机通过图像和声音真实地向人们报道国内外发生的大事，介绍祖国各行业的最新成就，展示祖国的大好风光和风土人情。

★ 电视机放置要平稳，要放在干燥、洁净、通风且能避免阳光直射的地方。

★ 这是一台四十五英寸的液晶电视，深灰色的外壳，宽宽的屏幕，式样新颖大方。

精彩好段

【液晶电视】今年5月1日，我家又换了一台液晶电视，现在就挂在我家客厅的墙上。它是长方形的，黑色的边框，四周还有一圈银色的镶边。边框的下方有一个凹槽，凹槽的下方是一个黑色的扁扁的长方形喇叭，喇叭的上方有一个商标。电视机的后面有许多接口，有的可以接电脑，有的可以插U盘，还有的可以接数字电视机顶盒和DVD，可以收看四十个全国各地的电视频道。（作者观察很仔细，对家里新电视的外形和各个接口进行了详细的介绍。）

电冰箱

精彩好句

★下层是冷冻室，这部分区域用几块塑料板分隔出几个夹层，这样就充分利用了冷冻室的空间。

★我打开冷冻室的门，一股冷气迎面扑来，里面的温度已经降到了零下十八摄氏度！怪不得鸡、鸭、鱼、肉、虾……冻得像石头一样硬。

★冰箱是双门的，两个黑白相间的拉手把冰箱打扮得漂漂亮亮。

精彩好段

【我家的电冰箱】我家有一台日本东芝牌双门电冰箱，外形是长方体，个儿差不多和我一般高；翠绿色的外衣，给人以素雅大方、清静的

感觉。打开它的两扇门，箱壁是乳白色的，小门里面用来冷冻食物，大门里面可以冷藏蔬菜、瓜果等。夜深了，一家人都进入了甜美的梦乡，只有一样东西还在辛勤地工作，那就是我家的冰箱。它已经为我家整整服务五年了，因为妈妈平时十分细心地保养它，再加上我们一家子的爱护，所以它依然那么美丽、动人。（作者介绍了冰箱的外表、功能，以及全家人对它的喜爱。）

闹钟

精彩好句

★ 六角形的钟面上，有一层又明又亮的薄玻璃，里面是一个漆黑的钟盘，钟盘上面镶着十二个金光闪闪的阿拉伯数字。

★ 我的小闹钟是粉红色的，是苹果形的，银白色的圈镶着一块透明的玻璃；十二个数字下面还各有一个荧光点；表盘中间时针、分针、秒针上也有荧光粉，关掉灯，它就可以发出粉光。

★ 你瞧！小闹钟被一件深蓝色的衣裳严严实实地包裹着，它的下肢捉着一个粉红色的大礼包，仿佛要亲自送给你，给你一份幸运。

精彩好段

【座钟】这个小座钟就像童话中的一座宫殿。它有咖啡色的钟座，褐色的木框。透过它的大玻璃门，看得见里面那铜做的钟摆整日整夜有规律地摆动着，发出嘀嗒嘀嗒的响声。随着这响声，一长一短两根黄色的指针把一个又一个紫色的阿拉伯数字甩在身后。（作者运用比喻的修辞手法，将座钟比作宫殿，生动形象。）

【我的朋友——闹钟】你长着圆圆的脸庞，一长一短、一粗一细的两条胳膊周而复始地在固定的圆形轨道上不停地运动，似乎从来不知道什么是疲倦。你有节奏的“嗒嗒”的心跳声在寂静的夜里显得那么独特，那么清晰。每天早晨，你都会在我睡意正浓的时候放开嘹亮的嗓子，把我从梦境中唤醒。你，就是我忠实的朋友——闹钟。（作者以拟人的方式，讲述闹钟一天的工作，说明它是每天陪伴自己的伙伴。）

三、学习用具

笔

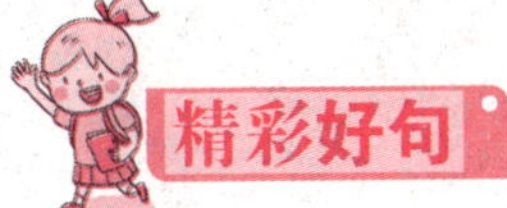

精彩好句

★ 我的好伙伴——钢笔，头戴金黄色的帽子，身穿红艳艳的外衣，尖尖的小嘴常流“口水”。

★ 圆珠笔的颜色是变换的，随着光线的强弱一会儿是大蓝色的，一会儿是墨绿色的。

★ 这支铅笔，笔杆上雪白而光滑的油漆和那些各式各样的动物图案，加上这只淘气而天真的塑料松鼠，使人更加喜爱它。

精彩好段

【我是一支铅笔】我是一支小小的铅笔，是所有文具中最普通的一

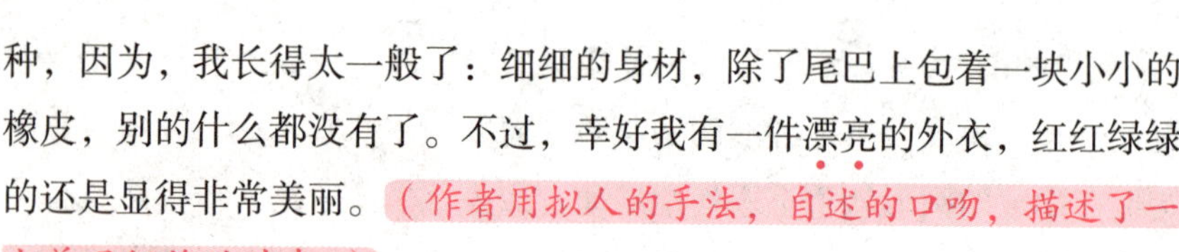

种，因为，我长得太一般了：细细的身材，除了尾巴上包着一块小小的橡皮，别的什么都没有了。不过，幸好我有一件漂亮的外衣，红红绿绿的还是显得非常美丽。（作者用拟人的手法，自述的口吻，描述了一支普通铅笔的外表。）

【我的一盒水彩笔】金黄色的盒面上，画着动画片《西游记》里的人物：最耀眼的是我崇拜敬仰的善恶分明的孙悟空，他手持金箍棒，腾空而起，向狡猾的白骨精打去；诡计用尽、穷途末路的白骨精畏缩在盒子的左下角；傻头傻脑的猪八戒把手捂在肚皮上，好像在说："猴哥，那可是良家女子，不能打啊！"右下角挑着行李赶来的沙僧好像在说："大师兄，你火眼金睛能识真假，该出手时就出手，我给你助威。"一场正义和邪恶的较量活现在盒面上。（作者通过对孙悟空师兄弟和白骨精的神情的描写，使四个人物形象呼之欲出。）

橡　皮

精彩好句

★ 我有一个朝夕相处的好伙伴——橡皮。这块橡皮全身是黄色的，上面画着两只小兔子坐在沙发上。

★ 这块橡皮是长方形的，像一个专门给小蚂蚁看的小电视。

★ 花生橡皮上面那一道道花纹刻得非常精细，不仔细看就会错误地把它当成真的花生。

精彩好段

【我是一块白橡皮】我是一块普通的白橡皮，我的主人是三年级的

小学生。平时我安安静静地躺在文具盒里。当小主人写错字或做错题的时候，我就会钻出来帮她把错误擦掉。其实我一点儿都不介意被冷落，主人用不到我就说明她没有写错。有一天我也会离开我的主人，因为我的身躯会慢慢变小直到消失，那个时候我会高兴我完成了自己的使命，虽然不得不和我的主人说再见。（作者用第一人称的方式写作，表现了白橡皮牺牲自我的精神。）

书　包

精彩好句

★ 书包的背面肩部及脊椎部位都有凸起的加厚垫，有按摩功能；背带有加厚海绵，可以减轻压力和重量；材料也是网格的，透气防汗。

★ 我小小的书包里装着书本、练习簿和文具盒。不，它装着知识，装着智慧。它是未来事业的襁褓，孕育着我未来的发明，未来的创造。

★ 我的书包是多用型的，既能防雨，又不怕冻裂。书包两侧有两个半圆形的兜，可以装胶棒、墨水瓶或一些小件物品。

精彩好段

【我的书包】我的书包特别大，四四方方的。它是双肩带的，背上它不至于让我很吃力；它是蓝色的，正面有史努比的卡通图案，醒目极了；它不仅漂亮，而且功能齐全，里里外外有十几个口袋，各有各的用途。（作者对“我”的书包进行了详细的介绍。）

包含动物名称的成语

有一些成语是包含动物名称的。这些动物有会飞的，如鹤、龙、飞蛾、乌鸦、大鹏；有会游的，如鱼、鳌；有家养的，如鸡、羊、马、驴；有野生的，如蛇、狼、鹿、大象、狐狸、老虎等。其中有的成语包含一种动物名称，有的成语包含两种动物名称。我们可以先想一想动物的特点，再联想记忆相关的成语。

惊弓之鸟	鹤立鸡群	望子成龙	飞蛾扑火
爱屋及乌	鹏程万里	缘木求鱼	独占鳌头
杀鸡取卵	亡羊补牢	指鹿为马	黔驴技穷
画蛇添足	引狼入室	盲人摸象	狐假虎威

包含植物名称的成语

有一些成语是包含植物名称的。这些植物有的是我们在生活中常见的，有的则不太常见。它们在成语中出现的形式有的是花、草这样的统称，有的具体到柳树、竹子、昙花、桃花、芙蓉、梨花、菊花、浮萍、荆棘、豆蔻、桑树、榆树、桂花等。其中有的成语包含一种植物名称，有的成语包含两种植物名称。我们可以先认识这些植物，再联想记忆相关的成语。

妙笔生花	柳暗花明	风吹草动	寸草不生
势如破竹	胸有成竹	昙花一现	人面桃花
出水芙蓉	梨花带雨	明日黄花	萍水相逢
披荆斩棘	豆蔻年华	桑榆暮景	蟾宫折桂

想象篇

名家名段赏析

狮子和鹿（节选）

伊索

鹿摆摆身子，水中的倒影也跟着摆动起来。他从来没有注意到自己是这么漂亮！他不着急离开了，对着池水欣赏自己的美丽："啊！我的身段多么匀称，我的角多么精美别致，好像两束美丽的珊瑚。"

赏析

作者运用动作描写和心理描写表现出鹿对自己漂亮外表的欣赏。

果园机器人（节选）

朱建群

能不能让机器人自己充电呢？科学家正在研究这样的机器人，它们只要"吃"树上掉下的水果就可以干活。这种机器人的肚子里如果装了特殊的电池，就可以把吃进去的水果变成糖，再把糖变成电。在收获的季节里，这些机器人只要捡掉在地上的水果"吃"，就能不停地工作。

赏析

作者运用设问句式展开对问题的详细叙述，非常清晰地描绘了未来果园机器人给自己充电的情形。

丑小鸭（节选）

安徒生

丑小鸭来到世界上，除了鸭妈妈，谁都欺负他。哥哥、姐姐咬他，公鸡啄他，连养鸭的小姑娘也讨厌他。丑小鸭感到非常孤独，就钻出篱笆，离开了家。丑小鸭来到树林里，小鸟讥笑他，猎狗追赶他。他白天只好躲起来，到了晚上才能出去找吃的。

赏析

作者用简洁流畅的语言描绘出丑小鸭的艰难处境：谁都不喜欢他，谁都欺负他，他只能一个人孤独地生活。

寓言童话

精彩好句

★小熊看到家门前有一棵柳树，细长的柳枝垂下来，一阵风吹过，柳枝轻轻地在风中摇摆，好看极了！小熊眼珠一转，有了土意。

★小乌龟拿着风车去找小白兔，小白兔说：“像我这样跑起来，风车就能转动了。”小乌龟使劲地爬，爬得满头大汗，飞车却纹丝不动。

★小青蛙叹口气说：“笨！我们都会叫，见到太阳和月亮要‘呱呱呱’，见到虫子要‘呱呱呱’，你呀！真给我们丢脸。”

★小土豆成熟了，成了植入土地的候选人，但他不甘心在黑乎乎的土里成长，想走出农田，看看外面的世界，于是，趁农民伯伯不注意的时候，他悄悄逃走了。

精彩好段

【小蚂蚁搬家】蚂蚁奶奶很喜欢晒太阳，但是她的房子在北边的土丘旁，老是晒不到太阳。蚂蚁奶奶整天愁眉苦脸，每时每刻都想着要搬家，可是她年纪太大了，搬不动。搬到哪里好呢？小蚂蚁们围成一堆，挠着头想法子。后来，他们意见统一了，于是抬起蚂蚁奶奶住的房子，嗨哟嗨哟往前走。小蚂蚁们抬着沉重的房子，流着汗，一步一步缓慢而吃力地向前行进。嗨哟嗨哟，爬过了山丘；嗨哟嗨哟，翻过了围墙；嗨哟嗨哟……终于，小蚂蚁们抬着房子到达了目的地。（作者讲述了小蚂蚁帮奶奶搬家的故事。）

想象未来

精彩好句

★ 2100 年，我驾驶时光机，穿越时空隧道，来到了恐龙时代。在那里，树木郁郁葱葱，一棵棵大树下面趴着一只只膘肥体壮的恐龙。

★ 二十年后，我回到故乡无锡，创办了消防系统投资公司，多年来，我在防火方面的研究成果终于有了用武之地。

★ 高耸入云的摩天大楼，有着晶莹的墙壁，雕梁画栋，美轮美奂，门前绿草如茵。大楼里面有空调、有制氧机，这就是我们未来的学校。

★ 若干年后，因为人类的破坏，大自然早已成为传说，而鸟语花香

已成为历史，人间仙境变成了遥远的神话，绿色食品也变成了谎言。

精彩好段

【未来的城市设计师】2080年我终于如愿以偿，成为一名设计师。我是设计组里的负责人，俗话说："新官上任三把火。"我的第一把火就是要管一管城市里的"白色垃圾"。我研制出一种小型"吸收器"，把它设置在马路边上，每隔一段路安放一个，它们不分昼夜地工作着。凡有"白色垃圾"刮来，"吸收器"都毫不留情地将它们吸入体内，并通过加工、过滤，排放出新鲜的空气，这样既清洁了环境又净化了空气。我的第二把火就是解决路滑的问题。我设计了"散热器"，在下雪的天气里打开散热器的开关，散热器吹出热风，马路上的雪刚落到地面就很快融化掉，再也不会有积雪了，人们就可以放心地出行，再也不必担心会滑倒了。我的第三把火就是要灭一灭城市的噪声。为此，我经过无数次试验，研制出了一种小型"收声器"。同样也把它们安放在马路旁，只要出现噪声，"收声器"就把其吸入"体内"，然后播放出美妙动听的乐曲……（想象合理详尽，富有层次）

科学幻想

精彩好句

★ 我设计的桥叫"环保第一桥"，它有两层，上层既不走人也不走车，是太阳能电池板；下层是封闭式的，就像隧道一样，是用来让汽车通行的。

★ 上活动课时，教室就变成一个大活动室；上天文地理课时，教室就变成了浩瀚的宇宙；上体育课时，教室直接就变成了操场。

★ 这种汽车外形流畅简洁，车身两侧有折叠式的车翼，碰到交通堵塞，便会伸出车翼，飞越前面的车辆，安全着陆在通畅的道路上，继续行驶。

★ 在一个伸手不见五指的黑夜里行走，肯定看不清路，但是你戴上我发明的神奇眼镜，就如同在白天一般。

精彩好段

【彩色棉花新品种】2054 年 12 月 1 日，中央电视台播出了一条重大新闻：新疆石河子生物学博士李倩培育出一种抗病、抗虫、高产的彩色棉花新品种，有红、黄、蓝等 13 种颜色，亩产皮棉 260 公斤。因为不需要喷洒农药，降低了成本，每公斤比白色棉花赚的钱多一倍，每亩可赚 2400 元。（基于现实需要，作者想象出抗病、抗虫、高产的彩色棉花，合理巧妙）

【我的新家】公元 23 世纪，地球因环境恶化，已经越来越不适合人类居住。人类开始迁徙到不同的星球，我家搬到了火星上。我家的房子是一棵巨型仙人球的模样，外面的尖刺其实都是能量棒，为我家提供充足的能源。住在这里不用自己打扫房间，全都由机器人朋友代劳了。机器人和人类一样，享有法定的休息时间，我们是朋友的关系。我家依然保持着在地球上的一些习惯，我喜欢用鲜花装饰房间，喜欢餐桌上有绿油油的蔬菜。虽然我们生活得很好，和火星当地居民相处得也很融洽，但有时候我还是会很怀念地球。（作者描写了在火星上的新生活和对地球的想念。）

假想天地

精彩好句

★ 假如我有一支马良那样的神笔，我会给人类造福。我要画许许多多的树木，让它们茁壮成长，请它们净化空气。

★ 假如我会变，我会变成蜜蜂。我要勤劳地工作，为人们献出甜滋滋的蜂蜜，祝愿人们的生活像蜂蜜一样甜。

★ 假如我是一朵云，我会让喜爱我的小朋友们骑在我的背上，带着他们遨游蓝天，与飞鸟比赛谁跑得更快。

精彩好段

【假如我是哈利·波特】假如我是哈利·波特，我会把凶恶的怪兽变成酸酸的菠萝，把讨厌的虫子变成各种各样的南瓜，谁嘲笑我不够聪明、性格幼稚，我就把这些变出来的东西给谁吃……（作者想象自己成为哈利·波特后的所作所为。）

【假如我是语文老师】假如我是语文老师，首先我要改革课堂教学，绝对不会把学生当作“听书”的。我要让每个学生都跨上想象的骏马，在知识的跑道上奔驰；带着问号去读书，去分析，去思考。让他们质疑问难，也可以给我和书本挑刺儿，找碴儿，谁的见解有创造性，我就带头为他鼓掌，向他祝贺。我想，这样总比把知识和人生的道理硬灌给他们好一些。（作者讲述了自己如果是语文老师会做的事情，想法很有新意。）

包含方位名词的成语

有一些成语是包含方位名词的。这些方位名词常见的有表示方向的东、西、南、北、中，表示位置的上、下、左、右、旁、前、后、内、外、里、间等。我们可以先认识和理解这些方位词，再联想记忆相关的成语。

东窗事发	日薄西山	南柯一梦	走南闯北
掌上明珠	居高临下	左顾右盼	袖手旁观
前车之鉴	后来居上	前呼后拥	瞻前顾后
节外生枝	外柔内刚	苦中作乐	字里行间

包含反义词的成语

有一些成语是包含反义词的。一般在成语中出现的反义词是相隔的两个字，有的成语中有一对反义词，有的两对都是反义词。比如“喜新厌旧”中就有两对反义词，分别是“喜”和“厌”、“新”和“旧”。我们可以先找一找成语中出现的反义词，想一想它们的意思，再联想记忆相关的成语。

喜新厌旧	居安思危	出生入死	扬长避短
头重脚轻	将信将疑	此起彼伏	厚此薄彼
好逸恶劳	弄巧成拙	弃暗投明	生离死别
乐极生悲	入不敷出	忙里偷闲	失而复得